O Cuidado Pastoral com Casais em Segunda União

JOÃO CARLOS BRAMBILLA

O Cuidado Pastoral com Casais em Segunda União

Atitude de acolhida segundo
"Amoris Laetitia"

EDITORA
SANTUÁRIO

Direção editorial:	Pe. Fábio Evaristo R. Silva, C.Ss.R. Pe. José Luís Queimado, C.Ss.R.
Conselho editorial:	Cláudio Anselmo Santos Silva, C.Ss.R. Edvaldo Manoel Araújo, C.Ss.R. Ferdinando Mancilio, C.Ss.R. Gilberto Paiva, C.Ss.R. Marco Lucas Tomaz, C.Ss.R. Victor Hugo Lapenta, C.Ss.R.
Coordenação editorial:	Ana Lúcia de Castro Leite
Preparação:	Fábio Antonio Gabriel
Revisão:	Profa. Isabel Loureiro
Projeto gráfico:	Sanderson Costa dos Santos
Capa:	Mauricio Pereira

Dados Internacionais de Catalogação na Publicação (CIP) de acordo com ISBD

B815c Brambilla, João Carlos

O cuidado pastoral com casais em segunda união: atitude de acolhida segundo "Amoris Laetitia" / João Carlos Brambilla. - Aparecida : Editora Santuário, 2023.
120 p. ; 14cm x 21cm.

ISBN 978-65-5527-327-4

1. Religião. 2. Cristianismo. 3. Pastoral. 4. Segunda União. 5. Igreja. I. Título.

CDD 240
2023-1181 CDU 24

Elaborado por Vagner Rodolfo da Silva - CRB-8/9410

Índice para catálogo sistemático:
1. Religião : Cristianismo 240
2. Religião : Cristianismo 24

1ª impressão

Rua Pe. Claro Monteiro, 342 – 12570-045 – Aparecida-SP
Tel.: 12 3104-2000 – Televendas: 0800 - 0 16 00 04
www.editorasantuario.com.br
vendas@editorasantuario.com.br

Aos casais em segunda união, para que sejam acolhidos pelo amor e pela misericórdia de Deus.

"A Igreja é família de famílias, constantemente enriquecida pela vida de todas as igrejas domésticas". (*Amoris Laetitia, 87*)

LISTA DE SIGLAS E ABREVIATURAS

1Cor – Primeira Carta de São Paulo aos Coríntios
2 Cor – Segunda Carta de São Paulo aos Coríntios
AL – Exortação Apostólica *Amoris Latitia*
Ap – Apocalipse de São João
BN – Bíblia de Navarra
CD – Decreto *Christus Dominus*
ChrL – Exortação *Christifidelis Laici*
Cl – Carta de São Paulo aos Colossenses
CNBB – Conferência Nacional dos Bispos do Brasil
DAp – Documento de Aparecida
Dn – Profeta Daniel
DZ – Compêndio dos símbolos, definições e declarações da fé e moral Heinrich Denzinger
Ef – Carta de São Paulo aos Efésios
EG – Exortação Apostólica *Evangelii Gaudium*
Ex – Livro do Êxodo
Ez – Profeta Ezequiel
FC – Exortação Apostólica *Familiaris Consortio*
Gl – Carta de São Paulo aos Gálatas
Gn – Livro do Gênesis
GS – Constituição Apostólica Pastoral *Gaudium et Spes*
IL – Instrumentum Laboris

Is – Profeta Isaías
Jdt – Livro de Judite
Jo – Evangelho de São João
Lc – Evangelho de São Lucas
LG – Constituição Apostólica *Lumem Gentium*
Mc – Evangelho de São Marcos
Mt – Evangelho de São Mateus
PdV – Exortação *Pastores dabo Vobis*
PO – Decreto *Presbyterorum Ordinis*
Rm – Carta de São Paulo aos Romanos
RP – Exortação Apostólica *Reconciliatio et Poenitentia*
Sb – Livro da Sabedoria
Tb – Livro de Tobias
VS – Exortação Apostólica *Veritatis Splendor*

SUMÁRIO

PREFÁCIO

Escrever um prefácio é sempre motivo de alegria e senso de grande responsabilidade. Ainda mais de uma pessoa como o João Carlos Brambilla. Sou suspeito nos elogios a esse escritor, tendo em vista a amizade que nos une desde os 15 anos de idade. Sou testemunha de que se trata de uma pessoa extremamente humana e comprometida com o respeito à liberdade de pensamento e defesa da dignidade da pessoa humana.

Com relação à obra, ela não encerra o debate, a investigação acerca de tão importante assunto, que é a acolhida em relação aos casais de segunda união, tema provocativo no sentido de levar a refletir sobre o projeto de Jesus: "Eu vim para que todos tenham vida e vida em abundância" (Jo 10,10). A proposta de João Carlos Brambilla não se apresenta como uma discussão dogmática, mas pastoral, no entendimento da forma como a Igreja e a sociedade devem avaliar casais em segunda união.

Excluir nunca foi a proposta de Jesus, mas a de grupos como os fariseus, que se consideravam melhores do que os outros e batiam no peito dizendo ser cumpridores da lei. Todos aqueles que foram excluídos da sociedade na época de Jesus foram por esse mesmo Jesus acolhidos de maneira a propor mudanças de comportamento, mas nunca como acusação ou humilhação.

Tenho organizado coletâneas científicas e uma temática é a questão do respeito aos direitos humanos. João Carlos Brambilla propõe uma reflexão pastoral em direção aos direitos humanos em relação aos casais em segunda união. Papa Francisco muito bem tem procurado dialogar com a Igreja no sentido de pensar uma forma mais humana de tratar os casais em segunda união, bem como homossexuais, e tantos outros excluídos da sociedade e marginalizados muitas vezes na própria Igreja.

João Carlos Brambilla, de maneira exemplar, examina as fontes teológicas do matrimônio ao longo da história da teologia. O leitor poderá não concordar com todas as reflexões apresentadas, mas há de se reconhecer o valor das reflexões no sentido de se pensar o matrimônio não só norteado pela perspectiva do atual Papa Francisco dialogada com a Igreja.

Tenho lido muitas críticas ao Papa Francisco, mas suas ideias atendem a perspectiva do Concílio Vaticano II, no intuito de buscar, de diversas formas e meios, refletir de forma pastoral sobre "as alegrias e as esperanças do nosso tempo", como propôs tal concílio. O magistério de Francisco tem sido uma busca constante de conduzir a Igreja, não apenas pensando na dogmática e no direito canônico (que também são fundamentais), mas pensando na prática pastoral cotidiana na Igreja e na sociedade.

Que esta obra teológica sirva não apenas de inspiração a tantas outras que poderão aprofundar reflexões acerca do acolhimento pastoral aos casais em segunda união, mas também, mesmo se deparando com muitas críticas por analisar uma dimensão humanizadora, prossigam a discussão em torno do diálogo e da busca constante por reflexões de acolhida não só aos casais em segunda união, mas a tantos marginalizados na sociedade e excluídos dentro da própria instituição eclesial.

Esta obra bem reflete a respeito da questão da família e que possamos ser zelosos guardiões da família, não apenas da nossa em particular, mas da família humana, sabendo respeitar as diferenças de pensamentos, crenças, respeitando, ainda, como bem nos ensina o Papa Francisco, que o meio ambiente é a nossa casa comum. Que lutemos contra o mal do neoliberalismo que muitas vezes apregoa o Estado mínimo quando se trata de atender aos desfavorecidos na sociedade, mas é "máximo" ao atender demandas de grandes corporações capitalistas.

Enfim, que esta obra inspire agentes de pastoral e toda a sociedade a pensar na importância da organização da Pastoral de Casais de Segunda União sem desrespeitar as normas próprias da Igreja, que acolha cada casal de segunda união, e que mude a mentalidade de muitos que ainda têm um olhar condenador dentro da própria Igreja a tais casais.

Que Nossa Senhora Aparecida interceda por nós junto a Jesus, para que possamos ser discípulos e missionários da boa nova da esperança de Cristo Ressuscitado que veio para que todos tenham vida, e vida em abundância, na busca cotidiana de construir um mundo sobretudo mais humano e acolhedor a todos.

Joaquim Távora, 1º de maio de 2023

Prof. Dr. Fábio Antônio Gabriel
Bacharel em Teologia (PUC PR)
Mestrado, doutorado e pós-doutorado em Educação (UEPG)

INTRODUÇÃO

No dia 8 de outubro de 2013, o Papa Francisco convocou a 3ª Assembleia Extraordinária Geral dos Bispos, realizando, em Roma, de 5 a 19 de outubro de 2014, o sínodo sobre a família com o título: "Os desafios pastorais sobre a família no contexto da evangelização".

O cardeal Lorenzo Baldisseri, secretário-geral do sínodo, afirmou que a família vive atualmente "problemas e desafios novos" e à Igreja cumpre dar "respostas adequadas". O cardeal disse que "naquela época foi dito tudo. Para aquela época, realmente, tudo estava dito, mas as situações se modificam com o passar do tempo. Nos dias atuais, é preciso aprofundar mais todos os temas do ponto de vista sociológico, antropológico, filosófico e também teológico. A doutrina é sempre a mesma, mas certos aspectos se renovam. Vamos mobilizar todas as inteligências para poder ter respostas".

O documento de trabalho para a 3ª Assembleia Extraordinária dos Bispos apresentou a segunda parte sobre "a pastoral da família face aos novos desafios". Foram elencados alguns desafios pastorais da família dos dias de hoje, como a crise da fé e da vida familiar, as dificuldades de comunicação, a fragmentação e a desagregação, a violência e o abuso, as dependências, a mídia e as redes sociais, a incidência do trabalho sobre a família, o fenômeno migratório e a família, a pobreza e a luta pela subsistência, o consumismo e o individualismo, os contratestemunhos na Igreja, o peso das expectativas sociais sobre o indivíduo, o impacto das guerras, as disparidades de culto.

O documento elencou também uma lista de situações familiares difíceis, que são apresentadas nos dias atuais: a convivência, as uniões de fato, a separação de casais, o divórcio e os divorciados recasados, os filhos, as mães solteiras, as situações de irregularidade canônica, os não praticantes e não crentes que pedem o matrimônio.

Outra questão apresentada pelo sínodo, como desafio atual para a Igreja, foi a união entre pessoas do mesmo sexo. Tal situação apresentou questões ainda não pensadas, como o reconhecimento civil, a transmissão da fé às crianças em união de pessoas de mesmo sexo e a adoção de filhos por pessoas do mesmo sexo.

Diante dos desafios apresentados, o sínodo sobre a família foi uma feliz e iluminada ideia do Papa Francisco, que encorajou o coração daquelas famílias que vivenciam dificuldades de encontrar acolhimento e espaço dentro da Igreja. Foi também um sinal de esperança diante de tantos e novos desafios no contexto familiar.

Na conclusão do sínodo, o Papa elaborou um documento pós-sinodal. Recebeu contribuição com sugestões e orientações vindas dos bispos e peritos e redigiu um texto que ajuda a orientar a evangelização, a fé, a pastoral e a vida das famílias.

A esperança que esse sínodo trouxe para a Igreja e para o contexto familiar retrata-se na abertura que o Papa propôs para a discussão de temáticas, por meio das quais as famílias puderam colaborar e ofereceram importantes contribuições. O Papa Francisco, auxiliado pelos bispos, propôs-se a buscar soluções e, principalmente, a escutar as famílias e seu sofrimento.

No dia 19 de março de 2016, na solenidade de São José, no quarto ano do Pontificado do Papa Francisco, foi promulgada a Exortação Apostólica Pós-Sinodal *Amoris Laetitia* sobre o amor na família.

Essa Exortação Apostólica apresenta nove capítulos. O primeiro capítulo menciona a luz da Palavra; o segundo capítulo fala sobre a realidade e os desafios das famílias; o terceiro capítulo, sobre o olhar fixo em Jesus: a vocação da família; o quarto capítulo, sobre o amor no Matrimônio; o quinto capítulo, sobre o amor que se torna fecundo; o sexto capítulo trata de algumas perspectivas pastorais; o sétimo capítulo, sobre reforçar a educação dos filhos; o oitavo capítulo, sobre acompanhar, discernir e integrar a fragilidade; e o nono capítulo, sobre a espiritualidade conjugal e familiar.

Nesse trabalho será apresentado, de modo particular, o capítulo oitavo, visto que diz respeito especialmente às chamadas situações "irregulares" tratadas pelo documento. Porém traçamos todo um panorama para chegar ao objetivo principal, que é o cuidado pastoral com os casais de segunda união: atitude de acolhida, segundo *Amoris Laetitia*. Com isso, sistematizamos a pesquisa em três seções.

Na primeira seção, apresentamos uma abordagem do contexto histórico do matrimônio cristão, e a família vivenciando os desafios pastorais no contexto atual. Veremos, desde os primeiros séculos até os dias atuais, as transformações que surgiram em detrimento das variantes que levaram a família a ser entendida como sociedade descartável e sem valor.

A segunda seção trata das orientações pastorais presentes na Exortação Apostólica *Amoris Laetitia*. O primeiro aspecto apresentado centra-se nas principais orientações contidas no documento; o segundo expõe as interpretações diversas do documento pelo episcopadol, e um terceiro evidencia a acolhida dos casais em segunda união enquanto orientação central da encíclica.

A terceira e última seção aborda a construção de relações pastorais que o presbítero, enquanto Pastor, deve oferecer para os casais de segunda união. O caminho proposto nesta seção norteia para o entendimento de que o presbítero atue como orientador pastoral dos casais que vivem em segunda união; o cuidado pastoral para com os casais de segunda união; e, por último, a comunidade paroquial, centro de acolhimento para os casais de segunda união.

1

O MATRIMÔNIO CRISTÃO NA HISTÓRIA DA IGREJA

1.1. O matrimônio cristão do século I ao IV

No limiar do cristianismo, quando os primeiros pagãos se converteram a essa religião, o matrimônio não apresentava problemas especiais para a Igreja, pois quando os pagãos se convertiam e eram batizados, a Igreja reconhecia a união já consumada:

> [...] não era intenção da Igreja celebrar os casamentos de cristãos batizados com uma cerimônia especial, distinta do matrimônio civil celebrado na família ou no círculo social imediato. Os cristãos faziam o mesmo que os não cristãos gregos e romanos, e mais tarde os povos germânicos, francos, celtas e outros. As cerimônias e os costumes populares associados com o matrimônio desses povos eram utilizados pelos cristãos batizados e muitos destes costumes passaram com o tempo para a esfera da Igreja (SCHILLEBEECKX, 1969).

A célebre frase da *Carta a Diogneto*[1] confirma tal entendimento: "Os cristãos não se distinguem dos outros homens nem pelo país nem pela linguagem nem pelos costumes, casam-se como todos os outros" e merece esclarecimento; aliás, Justino, no ano 150, portanto, na mesma época da Carta a Diogneto, cita a acusação feita aos cristãos por se casarem unicamente em vista da procriação ou de celebrarem as núpcias por razões de castidade. Por volta de 177, Atenágoras, na sua Súplica endereçada ao imperador Adriano, explica que o cristão reconhecia como esposa aquela que conduzia à sua casa, segundo as leis estabelecidas. Evidentemente, esses textos não documentam explicitamente o modo de se considerar o matrimônio; entretanto, é legítimo remontar aos costumes da época desses testemunhos (cf. NOCENT *et al.*,1989).

Tais costumes igualmente mostravam-se intercambiáveis entre gregos e romanos, como pontos essenciais do matrimônio, também assim ocorrendo em relação a influências bíblicas e judaicas que essas nações praticavam (*Idem*).

Da mesma forma, segundo Almeida, apud Jounel[2] , a *Carta a Diogneto* comprova que o matrimônio cristão era semelhante ao dos pagãos. Como regra geral, os cristãos conformavam-se ao padrão de vida da sociedade na qual viviam, tanto nessa esfera da vida social quanto em outros aspectos (ALMEIDA, 2010)

---

1. Um dos primeiros escritos da Igreja Primitiva. Esta obra anônima vem de um único ms medieval, agora destruído, cujo destinatário é desconhecido, a menos que seja o tutor de Marco Aurélio que tem o mesmo nome. Num estilo floreado, ela sustenta a superioridade do cristianismo sobre o paganismo e o judaísmo e propõe a seguinte analogia: "o que a alma é para o corpo, isto os cristãos são para o mundo" (6,1). Os dois últimos capítulos são de fato uma homilia para uma ocasião especial, talvez Epifania (11,5). Embora se tenha rejeitado a atribuição a Justino encontrada no ms., a sugestão de P. Andriessen (1946-47) de que a carta é a apologia perdida de Quadrato não é geralmente aceita. (NOVO COMENTÁRIO BÍBLICO SÃO JERÔNIMO NOVO TESTAMENTO, 2015 80:54, p. 1513).

2. JOUNEL, P. *La liturgiedumariage*, MD 50, 1957, p. 38-57.

> O Concílio de Elvira[3], realizado por volta do ano 300 a 306 d.C., também aceitou como ponto de partida que os casamentos de cristãos batizados fossem celebrados como o dos pagãos não batizados. A Igreja simplesmente aceitou a sujeição de seus membros à legislatura romana, e as causas matrimoniais também eram levadas ao tribunal civil. Porém, a Igreja cercou de cuidado pastoral os casamentos civis e familiares dos fieis porque desejava protegê-los das influências pagãs, especialmente os sacrifícios aos deuses falsos (SCHILLEBEECKX, 1969).

Tanto entre orientais quanto entre gregos e romanos, dois momentos distintos e separados no tempo se destacavam: o noivado e o casamento (cf. NOCENT et al.,1989).

No que concerne à Grécia, país de antigos testemunhos, a saber, aquele que nos oferece a *Ilíada e a Odisseia*, encontramos informações precisas, sobretudo para o matrimônio. tanto na época clássica, como para Atenas. O noivado consistia em um encontro entre o pretendente e o pai da moça, para que chegassem a um acordo sobre o matrimônio e, de modo especial, sobre o dote, que ficava em propriedade da mulher, espécie de antecipação de herança. O marido podia apenas usufruir tal bem, e essa entrada na família e compromisso recíproco do pretendente para com a noiva e desta para com seu marido recebia o nome de *engyésis*. Esses costumes gregos preservavam, ainda, ligação com costumes semíticos (*Idem*).

---

3. Não se sabe com certeza em que ano foi o Sínodo de Elvira (hoje um subúrbio de Granada). Segundo Duchesne, atualmente se pensa, sobretudo nos anos 300-303 (segundo outros, 306-312 ou talvez até o tempo de Silvestre I). Com base nas atas só se tem certeza do dia da abertura: 15 de maio. Vejamos o que diz o Cân. 9. Igualmente, se uma mulher crente tiver deixado, por ser adúltero, o marido crente e esposado outro, deve ser proibida de esposá-lo; se o esposar, não receba a comunhão antes que aquele que ela deixou tiver passado deste mundo, a não ser que, eventualmente por causa de doença constranja a isso. (DZ, p. 49).

O tratado jurídico em referência também se encontra no Antigo Testamento, que aborda o acordo que precede alguns meses ao dia das núpcias (Jz 14,11; 1Mc 9,37-39). Há exceções quando o futuro matrimônio oferece garantias de ser desejado pelo Senhor (Gn 24; Tb 8; 1Sm 25,39-42). No Novo Testamento, o caso de José e Maria se destaca como testemunho mais que conhecido (antes que fossem viver juntos, em Mt 1,18), e a expressão "amigo do esposo", que comparece no momento do noivado e durante o período de tempo entre o noivado e o casamento (2Cor 11,2). Quanto ao noivado, conhecia-se também o costume do *mohar*, certa soma de dinheiro que o pretendente devia dar ao pai da moça (Gn 34,12; Ex 12,16;22,15; 1Sm 18,25; Os 3,2); em seguida ao *mohar*, o noivo praticava também trabalho totalmente gratuito na propriedade da noiva (Gn 29,18) (*Ibidem*).

Quanto aos costumes romanos, tal é a quantidade de testemunhos, que se pode apenas tratar de parte desse todo. Como entre os judeus e os gregos, também aqui encontramos o noivado, entendimentos para o matrimônio que entre os romanos possui fórmula jurídica muito rígida. Os dois chefes de família concluem entre si uma *stipulatio*, que, no tempo do império, será transformado em verdadeiro contrato. Entre famílias nobres, o noivado se celebrava com banquete do qual participavam parentes e amigos. Trata-se, por isso, de noivado com arras, como era conhecido no Oriente. As fórmulas: "*Spondes, Spondeo*" (Prometes? Prometo!) denotam compromisso. O dote é elemento importante do noivado. Mais tarde se acrescentará, visto que não a encontramos nos relatos antigos, a "*dexterarum iunctio*" (a união das mãos direitas), cujos testemunhos remontam ao fim do séc. I a.C. Plínio nota também o envio de anel pelo futuro marido, anel de ferro, *ferreus anulus*, sem pedras preciosas. Tertuliano falará de anel de ouro[4] (cf. NOCENT *et al.*,1989).

Depois de um intervalo, testemunhado também pela Bíblia, quer no Antigo, quer no Novo Testamento, e pelos usos judaicos,

4. Apologética, 6, 4-5. Seria possível, porém, que Tertuliano tenha querido antes de tudo salientar a decadência romana, mas conheceu também o anel de ferro.

entre os gregos celebrava-se o casamento, que comportava primeiro um sacrifício oferecido às divindades tutelares das núpcias: Zeus, Apolo, Hera, Ártemis, Afrodite. Esse sacrifício realizava-se em casa e inicialmente pelo pai de família. Mais tarde intervirão os sacerdotes e as sacerdotisas. Depois do sacrifício, realizava-se o banquete nupcial. Os esposos traziam na cabeça uma guirlanda feita de ramos, normalmente de murta, ou uma coroa de metal. Depois do banquete nupcial, a altas horas da noite, formava-se um cortejo que conduzia os esposos à casa do esposo, com músicas, cânticos tochas. Antes de deixar a própria casa, a esposa era entregue pelo pai ao seu marido (*ékdosis*). No momento da *ékdosis*, os esposos eram coroados. Chegados à casa do esposo, a esposa era recebida, na entrada, pelos sogros, coroada com frutos, tâmaras, figos e nozes, símbolos de fecundidade e de prosperidade. Os esposos davam volta ao redor da casa de mãos dadas e, a seguir, eram conduzidos pelos parentes e amigos ao quarto do casal. Comiam, no tálamo, um marmelo, símbolo da fecundidade, depois o esposo desatava a cinta da esposa. Os convidados se retiravam soltando gritos para afastar os espíritos malignos (*idem*).

Entre os romanos, encontramos costumes semelhantes. Nota-se, entretanto, acentuação jurídica característica. A celebração do casamento comportava diversos elementos: o sacrifício oferecido aos deuses e às deusas, o banquete nupcial, *ad domum deductio*, a entrada na casa do marido e depois no quarto do casal, a assinatura das tábuas nupciais (*Ibidem*).

Antes, oferecia-se, em sacrifício, uma vítima: porco, boi ou novilha, a uma das divindades do matrimônio; além do *Penates* ou *Lares* da família, entre as divindades às quais se oferecia o sacrifício estavam: Vênus, Júpiter, Ceres, Juno e Mercúrio. O sacrifício era oferecido, primeiro em casa, depois nos templos. Na véspera começavam as solenidades. A noiva consagrava aos *Lares* os seus brinquedos, suas roupas de moça e trajava uma *túnica recta*, veste de cor branca que caía verticalmente e era atada ao peito por cordão de lã. Os cabelos eram dispostos em seis tranças seguras com fitas de lã, atravessadas com fios vermelhos e brancos. A noiva trazia também o *flammeum*, véu nupcial vermelho-ígneo e uma coroa de flores que ela mesma colhia (cf. NOCENT *et al.*,1989).

Antes de entrar em alguns particulares da celebração do matrimônio, devemos distinguir dois modos de celebrar as núpcias, dos quais o mais característico é a Essa celebração tinha raízes antigas *confarreatio*. De fato, consagrava-se a Júpiter uma fogaça (farro), que os esposos comiam em sinal de comunhão. O sacrifício, que compreendia orações e ritos complicados, era oferecido por um sacerdote de Júpiter, sem dúvida alguma, em templo dedicado a essa divindade. Da celebração deveriam participar dez testemunhas. Note-se que o farro era o alimento principal da civilização agrícola do Lácio. A esse ritual, praticado raramente no campo, podemos juntar outros dois ritos: no limiar da casa do marido, a esposa declarava: "Onde tu, Caio, também eu, Caia". O marido, no momento em que a esposa entrava na sua casa, apresentava-lhe água e um tição aceso como sinal de comunhão. Todavia, esse tipo de celebração, embora tivesse raízes antigas, não era o mais primitivo. A *coemptio*, mais simples, segue o antigo costume, segundo o qual o pretendente dava à família da esposa uma soma em dinheiro. Para esse gesto eram necessárias ao menos cinco testemunhas (*Idem*).

Tais cerimônias eram conhecidas como ritos de agregação à família. Supunham o *pater familias* ainda vivo e com plena autoridade. Trata-se da celebração *sub manu*. Mais tarde será possível celebrar matrimônio *sine manu*, o que não permitiam nem a *confarreatio* nem a *coemptio*. A autoridade do pater *familias* já não dominava as núpcias. No entanto, após um ano de vida conjugal, o matrimônio *sine manu* podia transformar-se em matrimônio *cum manu*, pelo simples fato dessa coabitação, e, portanto, a agregação à família do marido tornava-se automática (*Ibidem*).

Certamente, entre esses ritos, a *confarreatio* era o ritual de início mais solene e reservado às famílias nobres. Durante as orações recitadas pelo sacerdote, os esposos ficavam sentados em duas cadeiras, ligados e com um véu sobre suas cabeças. É possível que esse rito seja herança do baldaquim nupcial, uso tipicamente hebraico da *huppa* (cf. NOCENT *et al.*,1989).

O banquete nupcial realizava-se geralmente na casa da esposa. A refeição começava por volta das cinco horas da tarde. Havia um mordomo responsável pelo banquete, como se vê também no evangelho de João, nas bodas de Caná (2,8). Verossimilmente, os convidados usavam guirlandas de flores na cabeça (*idem*).

Põe-se aqui o problema da *dexterarum coniunctio*, considerada muito importante no matrimônio e que tinha lugar no momento do noivado. Não se pode confundir a *dexterarum coniunctio* com a entrega da esposa ao esposo, cerimônia em que ambos eram conduzidos pela mão direita um ao outro. Não temos nenhum testemunho da *dexterarum coniunctio* no ritual das núpcias. Parece, pois, difícil pensar em um ritual no qual existisse a dexterarum coniunctio no início do ritual do matrimônio; a *pro nuba*, que conduzia os esposos um ao outro, era antes o sinal da entrega da esposa (*Ibidem*).

A *domum deductio* acontecia após o banquete. A esposa era conduzida ao marido na sua casa. Como na Grécia, formava-se cortejo com música.

Vimos os ritos realizados pela esposa e pelo esposo na porta da casa durante a celebração da *confarreatio* e da *coemptio*, em que os batentes da porta eram untados com gordura e adornados com fitas de lã. A esposa era erguida e carregada para dentro de casa. A seguir, conduziam-na para o quarto do casal e uma senhora ou a própria mãe da esposa fazia-a sentar-se ou estender-se sobre o leito. Depois, o esposo desatava-lhe a fita da cintura e todos os convidados se retiravam. No dia seguinte, a recém-casada vestia o vestido de matrona e celebrava-se um segundo banquete durante o qual a esposa oferecia um sacrifício aos deuses Lares e Penates (cf. NOCENT *et al.*,1989).

Casamento e constituição da família associavam-se, e os cristãos consideravam o matrimônio também assunto familiar no período da Igreja primitiva. Originalmente, eram os pais que decidiam o matrimônio, embora no período romano-helenístico os próprios parceiros escolhessem o cônjuge (cf. NOCENT et al.,1989).

1.1.1 O Matrimônio Cristão do século IV ao X

Depois da paz constantiniana, a liturgia do matrimônio, embora conservasse boa parte dos usos correntes, oferecia elementos tipicamente cristãos que, bem cedo, caracterizaram-se de duas maneiras: em Roma e em Milão com a *Velatio nuptialis*; na Gália, na Espanha e nos países célticos com a *Benedictio in thalamo* (cf. NOCENT et al.,1989).

Em referência à *Velatio nuptialis*, encontramos em um autor, cuja identidade permaneceu misteriosamente guardada, não obstante as diversas pesquisas feitas a propósito: Ambrosiaster, que parece ter vivido no tempo do Papa Dâmaso (366-384). O autor mostrava-se atento aos usos judaicos que, aliás, conhecia bem. Diz ele:

> *Quo modo ergo dici potest male fieri aut non licere, quod ex Dei benedictione et eofavente augmentum facit? Cuius rei traditio et in synagoga mansit et in ecclesia celebraturut Dei creatura cum Dei benedictione iungatur. Non utique per praesumptionem quia ab ipso Creatore sic data est forma.* (Como se pode dizer que seja mau ou proibido o que por bênção de Deus e com seu favor promove o crescimento? É tradição conservada na sinagoga e celebrada na Igreja, que a criatura de Deus faça sua união com a bênção de Deus. Mas não é presunção, pois essa forma foi disposição do Criador).

A referência à sinagoga pode esclarecer o rito da *velatio*, com respeito à *huppa*, do ritual judaico.

Ambrósio de Milão e o papa Sirício são as primeiras testemunhas seguras de celebração da qual, no entanto, não apresentam o roteiro. São Paulino de Nola, por volta de 403, traz os pormenores. O papa Sirício (384-399), em uma carta mandada à Igreja de Milão e às outras Igrejas, escreve:

> Nos sane nuptiarum vota non asper nanter suscipimus, quibus velamine inter simus, sed virgines, quas nuptiae creant Deo devotas maiores honorificentia numeramos5. (Não menosprezamos o desejo das núpcias, das quais participamos com a imposição do véu; mas com maior honra consideramos as virgens devotas que as núpcias geram para Deus).

A presença do ministro é fortemente ressaltada e, em uma carta a Himério de Terragona, constata-se que essa bênção não pôde ser repetida.

Santo Ambrósio, na sua XIX carta a Virgílio, bispo de Trento, escrita pelo ano 385, afirma:

> Nam cum ipsum coniugium velamine sacerdotali et benedictione sanctificario porteat, potest coniugium dici, quomodo ubi non est fidei concordia? (Pois se é mister santificar o próprio casamento com a imposição do véu pelo sacerdote e com a bênção, como se pode chamar casamento a união onde falta a concórdia da fé?)

É possível que Ambrósio faça também alusão a tal bênção e à *velatio* no seu *Hexameron*[6]. Em um epitalâmio, composto para o ma-

5. Temos também a carta de Sirício a Himério, bispo de Tarragona, de 385, na qual se lê: "De coniugali autem velation ere quisisti, si desponsatam alii puella malter in matrimonio possint accipere. Hoc ne fiat modis omnibus nihil bemus, quiilla benedictio quam nupturae sacerdosim ponit, apud fideles cuiús dam sacrilegii instar est, si ulla transgressione violetur". (Quanto à imposição do véu no matrimônio, perguntaste se alguém pode casar-se com moça noiva de outro. Fazemos tudo para impedir isto, pois aquela bênção que o sacerdote confere à moça que vai casar-se, torna-se quase sacrilégio na opinião dos fiéis, se for violada por alguma transgressão).

6. *Hexameron*, 5, 18: CSEL 30, 238-245: "... *eodem iugo benedictionis utriusque colla sociantur, etiam si alter obeat separatarum regionum longa divortia, quia non corporis cervice, sed mentis iugum gratiae receperunt*". (... pelo mesmo jugo da bênção unem-se as cabe-

trimônio do leitor Juliano, futuro bispo de Eclano e filho do bispo de Benevento, Memório, com a filha do bispo de Cápua, Emílio, lemos os pormenores da celebração. O pai de Juliano conduz os noivos ao altar, enquanto o pai da moça, bispo Emílio, confere a bênção nupcial aos noivos, cujas cabeças estão cobertas por um véu[7].

No entanto, essa liturgia cristã não suprime os usos legais sobre os quais escreve santo Ambrósio: "*Facit coniugum pactio coniugalis*". (É contrato conjugal que constitui o casamento), mesmo supondo que Tertuliano tenha conhecido uma bênção litúrgica do matrimônio, prova que os costumes pagãos continuavam sendo também os dos cristãos. No seu *Apologeticum*, faz alusão ao anel que o noivo enviava à noiva, antes do casamento: o anel é de ouro. Ademais, é sabido que normalmente o anel era de ferro e sem pedras preciosas. Seja como for, Tertuliano conhece também o anel de ferro, o uso do véu que gostaria de ver todas as mulheres, casadas ou não, usando, a *dexterarum coniunctio* e o beijo dos noivos segundo o costume romano. Alude também às *tabullae nuptiales* e constatamos que distingue acuradamente o noivado do matrimônio. Porém os usos pagãos não deviam induzir os cristãos a gestos idolátricos. BUYST e FRANCISCO dizem respeito de como eram as celebrações matrimoniais a partir do século IV:

> [...] os padres começaram a ter participação mais frequente nas festas de núpcias e os pais

ças de ambos, mesmo que um deles vá por longo tempo para regiões distantes, pois receberam o jugo da graça não no corpo, mas na mente).

7. Paolino de Nola: *Ipse pater vobis benedicat episcopus, sancta choris duc, Memoral me, tuos domino ante altares natos commenda que precans santificante manu ... hinc Memor, officii non immemor, ordine recto tradit ad Aemili ignora cara manus, ille iugans capita amborum sub pace iugali velateos dextra, quos prece santificat.* (O bispo vosso pai vos abençoe, que ele entoe cânticos sacros em coros melodiosos; conduze, ó querido Memório, teus filhos ao Senhor perante o altar, recomenda-os com tua oração e santifica-os com tua mão ... Depois, Memório, não esquecido do ofício, segundo o ritual entrega os queridos jovens às mãos de Emílio, o qual une as cabeças dos dois sob a paz conjugal, cobre-os com a mão direita, e os santifica com a oração).

> de família cediam a eles a função de abençoar os matrimônios. Contudo, nada era obrigatório. Do século V em diante, a celebração passou, aos poucos das casas para as igrejas. Os ritos se desenvolveram e sua realização começou a ser exclusiva dos padres. Mas tudo continuava sem nenhuma obrigatoriedade. Somente no século X é que o casamento passou a ser celebrado com liturgia própria e regulamentado pela legislação da Igreja (BUYST; FRANCISCO, 2004).

O matrimônio compreende o noivado e as núpcias. O pretendente paga o direito em dinheiro à família da noiva e este ato acontece em público. No fim, redige-se um documento do ato. A conclusão do matrimônio é seguida do cortejo que conduz a esposa à casa do marido.

Quanto à bênção do matrimônio, era conferida de duas maneiras. À maneira romana: este modo de fazer deve ter-se difundido progressivamente até suplantar os usos próprios do país. São Cesário de Arles, por seu turno, testemunha o fato.

O ritual típico da bênção nupcial nos países francos é a *Benedictio in thalamo*. Tal ritual encontrava-se em uso na Gália nos meados do séc. VI. É possível que recebesse influência dos Atos de São Tomé, traduzidos em latim, remanejados e intitulados *Passio sancti Thomae apostoli*. Aí se vê o apóstolo Tomé que, tendo entrado com o rei na câmara nupcial, confere a bênção aos esposos no momento de sua entrada no quarto. Há também testemunhos do uso da *huppa*, construída na casa ou no jardim adjacente, que representa a câmara nupcial.

Da *Benedictio in thalamo* temos numerosos exemplos litúrgicos. O Missal de Bóbio (séc. VI-VII) apresenta-nos uma fórmula de bênção da câmara nupcial: "Benedictio thalami super nubentes: Deus, qui ad multiplicadam humani generis prolem ... in omnis idem cordis humilitate deservient". No mesmo missal, lê-se também uma fórmula opcional: "Item alia: Te deprecamur,

Domine sancte Pater ... et Spirtum sanctum tuum percipient gaudim sempiternum".

No séc. VIII, o Sacramentário Gelonense transcreve o ritual da bênção nupcial do gelasiano antigo. O texto é cheio de erros e surpreendentemente não é transcrito o *Hancigitur* para o dia do casamento, mas só o que está previsto no gelasiano para o trigésimo dia ou para o aniversário.

Quanto ao noivado, temos testemunho nos escritos de Gregório de Tours (594). Aí encontramos a *sub arrhatio*, o *anulum* e o *osculum*. O texto é preciso:

> *Cum ad legitimam pervenerit aetatem, cogentibus iuxta humanorum consuetudinem parentibus ut arrham puellae quase uxorem accepturus daret... Denique dato sponsae anulo, porrigit osculum ... celebrat sponsaliae diem festum.* (Quanto atingir a idade legal, segundo o costume do povo, os pais obrigam o rapaz que se vai casar a dar as arras à moça .... Enfim após oferecer à moça o anel, dá-lhe um beijo ... celebra a festa do noivado).

A liturgia hispânica do matrimônio é muito rica e não se encontram outras semelhantes no Ocidente. Era realmente parte da vida do povo, a tal ponto que também os judeus eram obrigados a seguir tais costumes.

Conhecia-se também o noivado. O pretendente pagava as arras à família da noiva. O anel tornou-se presente de noivado; haveria também contrato escrito que se acrescentava à entrega do dote. Isidoro de Sevilha, no início do século VII, menciona o anel. Atribui-se o seguinte significado a esse costume: salientar a fidelidade entre os noivos. Será colocado no quarto dedo da mão esquerda, porque nele corre a veia que conduz o sangue ao coração. Será dado um só anel. Isidoro conhecia também as tábuas dotais (cf. NOCENT et al.,1989).

Na liturgia hispânica, destacava-se uma particularidade muito interessante: a liturgia das horas pelo matrimônio. Até o século XI, ao menos para o ofício da manhã e o da tarde, conhecia-se o ofício do matrimônio. O ofício da tarde era celebrado na véspera do casamento, e o da manhã, no próprio dia das núpcias (*Idem*).

Encontramos também o *Ordo arrharum*. Tal cerimônia ocorria antes da missa do matrimônio; todavia poderíamos perguntar-nos se esse ritual não foi introduzido apenas no séc. XI , data da transcrição do manuscrito que o traz (ibidem).

Quanto ao matrimônio, são propostos dois ritos; no primeiro caso, o véu cobre inteiramente a noiva, enquanto o noivo é coberto até os ombros. Seguem-se três orações com dez invocações. Recita-se depois o Pai-nosso. Por isso, é muito provável que esse rito fosse realizado durante a missa, antes do Pater. Depois da comunhão, fazia-se a entrega da noiva e a exortação à continência até o dia seguinte (cf. NOCENT *et al.*,1989).

Durante os séculos IV e V, a Igreja da Gália esteve intimamente ligada às igrejas célticas. Com S. Gregório Magno e o envio dos missionários, a liturgia romana penetrou sempre mais na Inglaterra. A introdução dessa liturgia, obra sobretudo de santo Agostinho de Cantuária, fez recuar progressivamente as liturgias célticas. Com exceção do *Pontifical de Durham*, não foram conservados livros litúrgicos que interessem ao nosso tema quanto aos primeiros dez séculos. Nesse Pontifical encontramos a missa do matrimônio segundo a liturgia romana e conhecemos também suas leituras. Depois da *Post communio*, intitulada *Benedictio*, lemos sete formulários de bênção. Em outro formulário de bênção, que encontraremos mais tarde no *Pontifical de Egbert* e que é cristianização da bênção de Aarão (Nm 6,24-26[8]), lemos uma oração da *Benedictio thalami*. Encontramos também uma bênção do leito

---

8. *"Deus Abraham, Deus Isaac, Deus Jacob, benedic adolescentes istos, et semina semen vitae aeternae in mentibus eorum, ut quicquid per utilitatem sua didicerint, hoc facere cupiant. Per Jesus Christum Filium tuum, recuperatorem hominum, qui tecum vivit".* (Deus de Abraão, Deus de Isaac, Deus de Jacó, abençoa estes adolescentes, e semeia nas suas mentes as sementes da vida eterna, para que tudo quanto aprenderam para sua utilidade, desejem fazer. Por Jesus Cristo, teu Filho, redentor dos homens, que contigo vive).

nupcial: "Benedic, Domine, lectum ipsorum". Com essa fórmula termina uma lacuna (*idem*).

Na Alemanha, conhecem-se apenas fragmentos de antigos manuscritos litúrgicos. A partir do séc. VII, a liturgia romana penetrou sempre mais no território germânico, e os livros de século VIII reproduzem textos romanos. Dois livros importantes provam a difusão da liturgia romana, apesar de um tanto remanejada. (ibidem).

O *Pontifical romano-germânico* do séc. X oferece-nos uma liturgia do matrimônio *Ad sponsa benedicens*, liturgia para o aniversário do matrimônio. No início do ritual, o capítulo XIII do Concílio de Cartago trata da retomada dos *Statuta Ecclesiae Antiqua*: o noivo e a noiva são abençoados pelo sacerdote e apresentados pelos parentes ou pelas damas de honra; os noivos, depois de receberem a bênção, não consumam o matrimônio na primeira noite de núpcias. São indicados os cânticos e as leituras. A coleta é gelasiana; é tirada da *Postcommunion* do Sacramentário Gelasiano. A Secreta é tomada do Sacramentário Veronense. A *Postcommunio* é a segunda oração da missa gelasiana. O Prefácio é o do gelasiano, como também o *Hanc igitur*. A oração introdutória da bênção é a do Sacramentário Veronense com *Incipit* diverso: "*Adesto, Domine, suplicationibus nostris*"; com efeito, é a do gregoriano. A bênção é a do gregoriano. Por outro lado, para a missa do aniversário da bênção nupcial, toda a celebração é tirada do gelasiano, inclusive a fórmula de bênção sobre a esposa e a bênção sobre os esposos. Não vemos nada de original nesse ritual germânico (cf. NOCENT *et al.*,1989).

No caso do *Sacramentário de Fulda*, do século X, achamo-nos perante algo excepcional, que não pode deixar de influenciar o nosso juízo acerca da liturgia romano-germânica do matrimônio, na qual se constata o abandono progressivo e depois definitivo daquilo que especificava a liturgia germânica em vantagem sobre a romana. Com o título *Actio nuptialis*, o mesmo título do gelasiano, o que é proposto é fortemente influenciado pelo gelasiano. As duas orações iniciais, a *Secreta* e a *Postcommunio*, são idênticas às do gelasiano; entretanto, é proposta uma *alia super oblata*: "*Deus, quiin conditione humani generis*". Encontramos também o *Hanc igitur gelasiano*, mas seguido de forma *ad libitum* nova e particular. A bênção nupcial é gelasiana, mas lê-se outra: "*Super utrumque: Domine Deus noster, qui purum hominem immaculatumque finxisti*". Do mesmo modo, antes da *Post communio*, acha-se a oração gelasiana sobre os esposos. No fim da missa, antes de despedir o povo, os parentes da moça e seus vizinhos entregam-na ao sacerdote que a vela com *palladium* e a oração: "*Deus, qui ad multiplicandum humani generis prolem*"; segue-se uma oração à escolha: "*Deus, qui ad propagandam generis humani progeniem*" que está igualmente contida no *Liber Ordinum*. Achamo-nos, pois, em presença de ritual particular que retoma usos visigóticos. Não identificamos, porém, o modelo exato que ele utiliza. Na falta de outros testemunhos desse gênero, não podemos apresentar esse ritual do Sacramentário de Fulda como tipicamente germânico (*Idem*).

A partir do reinado de Luís, o Piedoso (814-840), a Igreja pôde introduzir na realidade social a prática geral da monogamia e da indissolubilidade dos matrimônios, proibindo totalmente o divórcio dos cônjuges (ARIÈS e DUBBY, 1995).

De acordo com Schillebeeckx (1969), no ano de 1274, no segundo Concílio de Lyon, pela primeira vez a Igreja Católica mencionou sete sacramentos, incluindo, entre eles, explicitamente, o matrimônio, embora acreditasse que, desde o início do cristianismo, essa verdade era implícita. Intensificaram-se, então, as discussões em torno da teologia do matrimônio.

Teólogos, como Tomás de Aquino e Duns Scotus, tiveram participação decisiva nessas reflexões. No Concílio de Trento (1545-1563), o matrimônio foi conhecido como um dos sete sacramentos instruídos por Cristo e ganhou formulação jurídica. Assim, o sacramento do matrimônio, elevou ao plano sobrenatural[9] a instituição natural do casamento.

9. O fato de um homem e uma mulher se unirem e procriarem é uma lei natural porque é considerado um ato da natureza humana. Existe desde o princípio da humanidade.

1.1.2. O matrimônio cristão na Igreja primitiva

O arquétipo da aliança no Antigo Testamento, como os profetas entendiam o matrimônio, permanece ideal, apenas ideal, inatingível. A própria Lei não coincide em todos os pontos com esse ideal, como no caso da permissão para repudiar a esposa. A situação dos batizados no Novo Testamento está mudada, por que Cristo realizou no seu sangue a aliança perfeita. Desta vez, o homem criado à imagem de Deus não vê mais apenas o arquétipo do amor de Deus pelos homens e o amor dos homens por seu Deus como ideal a alcançar, mas esse ideal tornou-se fato: é realidade que une, uma aliança perfeita entre Deus e os homens.

Se os profetas anunciavam a aliança como ideal a alcançar, o Novo Testamento e a Igreja cantam-na como realidade, e o tema nupcial retorna continuamente às suas páginas.

Nos evangelhos, Cristo utiliza, para si mesmo, em termos velados, mas significativos, o tema das núpcias; os convidados às núpcias podem estar na tristeza quando o esposo está com eles? Mas virão dias em que o esposo lhe será tirado, então os convidados jejuarão (Mt 9,15; Mc 2,19-20; Lc 5,34-35). Essas palavras do Senhor deram origem na Igreja ao significado de todas as vigílias e notavelmente à *Mater omnium vigiliarum*, a de Páscoa. Cristo compara-se ao filho para o qual o Rei, o Pai, preparou o banquete de festas para as suas núpcias. O reino é o mistério nupcial de Cristo-esposo (Mt 8,11). Cristo ressalta, também, na parábola das dez virgens, na qual se constata a exigência de preparação, a possibilidade de entrar com Cristo na sala das bodas (Mt 25,1-13) a qual se supõe para todos os discípulos. O evangelho de João, no episódio das bodas de Caná (2,1-11), oferece um texto muito rico: as talhas cheias de água, que fazem pensar na purificação dos judeus e, portanto, na antiga aliança, agora, entretanto, contêm vinho, sinal da nova aliança no sangue de Cristo. O tema das núpcias, que constitui, na sua realidade, a aliança, é evocado no quadro do banquete nupcial. A liturgia compreendeu muito bem esse tema nupcial de Cristo com sua Igreja, e a antífona do

Benedictus das Laudes, da festa da Epifania, canta: "*Hodie caelesti Sponso iuncta est Ecclesia, quoniam in Iordane lavit Christus eius crimina: currunt cum muneribus Magi ad regales nuptias, et exaqua facto vino laetantur convivae*" (Hoje ao celeste Esposo foi unida a Igreja, pois no Jordão Cristo lavou-lhe os pecados; acorrem os Magos às núpcias do rei e com a água transformada em vinho se alegram os convidados).

O Apocalipse retoma o tema das núpcias e aplica-o ao Cordeiro (Ap 21,3-4); no rito nupcial, a noiva adornada e apresentada ao seu noivo (21, 2.9). A humanidade é representada por uma mulher e uma cidade, Jerusalém, a celeste, a nova (21,2.10-27) que já Ezequiel (40) e Isaías (54;60;62) anunciavam. Jerusalém é a mãe de todos os redimidos (Gl 4,26) e às núpcias são convidados todos os eleitos (Ap 19,9), todos os que são virgens.

São Paulo, na sua carta aos Efésios (5,21-32), apresenta a doutrina que ele ensina à Igreja do seu tempo e às suas comunidades. A interpretação de tal doutrina não é evidente; teremos a ocasião de constatá-lo quando se sintetiza o pensamento dos padres da Igreja e a exegese atual.

A doutrina paulina do matrimônio apoia-se no mistério da união de Cristo com a Igreja. As núpcias de Cristo com a Igreja seriam impensáveis se Cristo não tivesse renovado o mundo, que assim pôde tornar-se de certa forma o esposo. O primeiro Adão transmitiu a todos o pecado, mas o segundo Adão renovou o mundo inteiro, porque participa da realidade do Cristo ressuscitado (Rm 5,14-21;6,5-11;1Cor 15,49). Cristo-esposo doa-se à humanidade inteira (Gl 2,20) a tal ponto que Paulo escreve: "Maridos, amai as vossas mulheres, como Cristo amou a Igreja e se entregou por ela, a fim de santificá-la" (Ef 5,25). O amor de Cristo transformou a humanidade que se une a Ele em verdadeiras núpcias. Aqui alcançamos o que Paulo ensina aos colossenses. A Cristo restou o mundo e a sua esposa, a Igreja, tornou-se seu próprio corpo. Escreve aos colossenses: "Cristo é antes de todas as coisas e tudo subsiste nele. Ele é a cabeça do corpo, isto é, da Igreja" (Cl 1,17-18). Esse fato Paulo o aplica ao casal humano. O significado do casal deve ser encontrado no mistério das relações entre Deus e o homem. O que significa o homem para a mulher encontra seu fundamento no Verbo de Deus que resgatou o mundo. Com efeito, no momento mesmo da encarnação do Filho, as criaturas humanas são introduzidas em união de amor com Deus.

Seja como for, não se trata aqui de interpretação teórica, objeto de contemplação ideal. O cristão pode e deve viver esse mistério na sua vida concreta, que é o lugar de luta dramática. De fato, o homem está dividido entre a carne e o espírito (Gl 5,16-17; Rm 7,14-25). Sem dúvida, como membro de Cristo na Igreja-esposa, o cristão foi purificado pela água do batismo (Ef 5,26). Nesse sentido, o cristão é virgem, e é isto que diz o Apocalipse (14,4), mas o homem, no seu estado terrestre, permanece submetido à prova na sua carne de pecado (Rm 8,3) e no seu corpo de morte (Rm 7,24).

Cada um doa-se a Cristo e Cristo doa-se a cada um. A atitude de Cristo e da Igreja é princípio de comportamento do esposo e da esposa. Isto não significa negar a realidade difícil na qual os esposos vivem feridos pelo pecado, o qual põe obstáculos à união conjugal. Mas a sua sexualidade é assumida e levada ao plano sobrenatural da graça. Na carta aos Gálatas, Paulo exprime a grandeza dessa união: "Batizados em Cristo, vos vestistes de Cristo. Não há judeu nem grego, não há escravo nem livre, não há homem nem mulher; pois todos vós sois um só em Cristo Jesus" (Gl 3,27-28).

1.1.3 O matrimônio cristão nos padres e na exegese contemporânea

Recorremos aos padres para o que se refere aos ritos do matrimônio. Queremos aqui sintetizar o pensamento teológico desses padres e, em particular, a exegese teológica que oferecem da carta de S. Paulo aos Efésios (5,31-32).

Os padres tornam-se primeiramente intérpretes da Sagrada Escritura e, para eles, o matrimônio cristão especifica-se pelo fato de que é ratificado por Deus. Ainda que o casamento se celebre da mesma forma que o dos não-cristãos, os batizados têm consciência de que o matrimônio cristão é contraído diante de Deus. A tal propósito, Gn 2,23-24 constitui o texto-base. Por outro lado, é a ele que Jesus se refere em Mt 19,4-5 quando fala da unidade e da indissolubilidade do matrimônio. Os padres, como, por exemplo, Teodoro de Mopumsuéstia, ensinam que no matrimônio subsiste um vínculo sobrenatural estabelecido por Deus e que se exprime de formas diversas. O vínculo é mútuo, como afirma João Crisóstomo. Importante observar o modo como compreendem o sacramento do matrimônio.

Como interpretam os padres, o texto de São Paulo "*Sacramentum hoc Magnum est, ego autem dico, in Christo et in Ecclesia*" (É grande este mistério; refiro-me a relação entre Cristo e a sua Igreja. O problema é saber a que coisa aplicam a expressão "Sacramentum Magnum".

Não poderíamos, no entanto, compreender como utilizam tais entendimentos sem antes recordar o conteúdo de Gn 2,21-24. Com efeito, em Ef 5,28, Paulo recorre a Gn 2,21-23, a propósito da formação de Eva. Ela é tirada do corpo de Adão; por conseguinte, quem ama a própria esposa, ama a si mesmo, pois ama seu próprio corpo. Paulo, no v. 31, cita Gn 2,24: "Eles serão uma só carne".

É preciso ter em mente outro ponto de vista paulino, expresso na mesma carta (Ef 1, 10.21-22), na qual Paulo vê o novo Adão que gera nova criação; é o novo e definitivo progenitor (1 Cor 15,45-47) que Adão anunciava (Rm 15,14). Esse novo Adão tem como esposa a comunidade cristã, que é seu corpo e sua carne (2 Cor 11,2-3; Ef 5,25-27; Ap 19,7-8;21, 2.9;22,27; f 1,23;5,23; Cl 1,18). Na linha de Gn 2,21-24, vê-se o casal escatológico. O casal primordial Adão e Eva, do qual dependem os casais humanos, é substituído por novo casal primordial, que é modelo para todos os cristãos, o casal Cristo-Igreja. Esse casal escatológico é o modelo do casal cristão; entretanto, aqui não se constata ruptura no plano de Deus, e o segundo casal, arquétipo para os cristãos, formado por Cristo, novo Adão, e a igreja, sua esposa, evidencia continuidade ao casal das origens, o de Adão e Eva, que é seu tipo. S. Paulo, em Ef 5,32, afirma essa continuidade. Para ele, o Sacramentum, que traduz o *Mysterium*[10]

10. O "sacramento", conceito central para as nossas considerações, percorreu no decurso dos séculos longa caminhada. É necessário começar a história semântica do termo "sacramento" com o termo grego "*mystérión*", que, para dizer a verdade, no livro de Judite significa ainda os planos militares do rei ("conselho secreto", cf. Jdt 2,2), mas já no livro da Sabedoria (2,22) e na profecia de Daniel (2,27) significa os planos criadores de Deus e o fim que ele assinala ao mundo e são revelados só aos confessores fieis.
Em tal sentido "*mystérion*" aparece só uma vez no evangelho: "a vós foi confiado o mistério do Reino de Deus" (Mc 4,11 e par.). Nas grandes cartas de São Paulo aquele termo volta sete vezes, com o ponto culminante na epístola aos Romanos: "[...] segundo o Evangelho que eu vos anuncio e a mensagem de Jesus, segundo a revelação do mistério escondido por séculos eternos, mas revelado agora [...]" (Rom 16,25-26). Nas epístolas posteriores dá-se a a identificação do "*mystérion*" com o Evangelho (cf. Ef 6,19) e até mesmo com Jesus Cristo (cf. Col 2,2; 4,3; Ef 3,4), o que origina uma mudança ao entender-se o termo; "*mystérion*" já não é só o plano eterno de Deus, mas a realização na Terra desse plano, revelado em Jesus Cristo.
Por isso, no período patrístico, começa a denominar "*mystérion*" também os acontecimentos históricos através dos quais se manifesta a vontade divina de salvar o homem. Já no século II, nos escritos de Santo Inácio de Antioquia, de São Justino e de Melitão, os mistérios da vida de Jesus, as profecias e as figuras simbólicas do Antigo Testamento se definem com o termo "*mystérion*".
No século III começam a aparecer as mais antigas versões em latim da Sagrada Escritura, em que o termo grego é traduzido por "*mystérion*", quer por "sacramento" (por ex. Sab 2,22; Ef 5,32), talvez por explícito afastamento dos ritos misteriosos dos pagãos e da neoplatônica mista gnóstica. Todavia, originariamente o "*sacramentum*" significava o juramento militar, prestado pelos legionários romanos. Dado que nele se podia distinguir o aspecto de "iniciação numa nova forma de vida", "o compromisso sem reserva", "o serviço fiel até ao risco de morte", Tertuliano faz notar estas dimensões no sacramento cristão do Batismo, da Crisma e da Eucaristia. No século III é, em seguida, aplicado o termo "*sacramentum*" quer ao mistério do plano salvífico de Deus em Cristo (cf. por ex. Ef 5,32), quer à sua concreta realização por meio das sete fontes da graça, chamadas hoje "sacramentos da Igreja".
Santo Agostinho, servindo-se de vários significados deste termo, chamou sacramentos aos ritos religiosos tanto da Antiga como da Nova Aliança, aos símbolos e às figuras bíblicas, como também a religião cristã revelada. Todos estes "sacramentos", segundo Santo Agostinho, pertencem ao grande sacramento: o mistério de Cristo e da Igreja. Santo Agostinho influiu na posterior precisão do termo "sacramento", sublinhando que os sacramentos são sinais sagrados; que tem em si semelhança com

grego, é o casal humano, tal como é considerado pela Escritura, no Gênesis, e como o considerava, aliás, a tradição rabínica; afirma-se, pois, o valor do casal humano em si mesmo. No entanto, Paulo vê especificidade cristã do casal, embora mantendo o valor humano deste último; a dimensão misteriosa do casal humano em si não tem mais somente como origem o casal arquétipo Adão e Eva, mas tem também o casal escatológico Cristo-Igreja. Parece este o sentido óbvio de Ef 5,32. Desta união completa, vital, Cristo-Igreja, participam doravante todos os esposos cristãos que são respectivamente membros uns dos outros (Ef 4,25). Este *Sacramentum* é, pois, *magnum*, com respeito aos casais não-cristãos, e os esposos cristãos são mais ontologicamente unidos entre si que os outros cristãos, e têm como arquétipo simplesmente o casal Adão e Eva; os cristãos estão intimamente ligados, mediante seu batismo, ao novo casal escatológico Cristo-Igreja.

---

aquilo que significam e conferem o que significam. Contribuiu, pois, com as suas análises para elaborar uma concisa definição escolástica do sacramento: "*signum efficax gratiae*".

Santo Isidoro de Sevilha (século VII) sublinhou em seguida outro aspecto: a misteriosa natureza do sacramento que, sob os véus das espécies materiais, esconde a ação do Espírito Santo na alma do homem.

As sumas teológicas dos séculos XII e XIII formulam já as definições sistemáticas dos sacramentos, mas um significado particular tem a definição de São Tomás: "*Non omne signum rei sacrae est sacramentum, sed solum et aquae significam perfectionem sanctis humanae*". (3ª qu.60 a.2). Como "sacramento" foi, desde então por diante, entendida exclusivamente uma das sete fontes da graça, e os estudos dos teólogos aplicaram-se ao aprofundamento da essência e da ação dos sete sacramentos, elaborando, de maneira sistemática, as linhas principais, contidas na tradição escolástica. Só no último século foi prestada atenção aos aspectos do sacramento inadvertidos no curso dos séculos, por exemplo, à sua dimensão eclesial e ao encontro pessoal com Cristo, que encontraram expressão na Constituição sobre a Liturgia (n. 59). Todavia, o Vaticano II volta, sobretudo, ao significado originário do "sacramento-mistério", denominado a Igreja "sacramento universal de salvação" (LG, 48), sacramento, ou seja, "sinal e instrumento da íntima união com Deus e da unidade de todo o gênero humano" (LG, 1). O sacramento é aqui entendido – em conformidade com o seu significado originário – como realização do eterno plano divino relativo à salvação da humanidade (JOÃO PAULO II, 2014, p. 413-414).

Em relação aos padres, constatam-se duas aplicações diversas do *Sacramentum Magnum*. Para uns, e essa é a interpretação mais antiga, aplica-se ao casal humano nas suas ligações com o casal Cristo-Igreja. Clemente de Alexandria, no início do séc. III, Gregório Nazianzeno, Atanásio no séc. IV a testemunham. A seguir, essa interpretação desaparece no Oriente, retornando algumas vezes no início do século VI. Para outros, o casal escatológico Cristo-Igreja é o *Sacramentum Magnum*. Trata-se de interpretação alegórica de Gn 2,24. Ela domina no início do séc. III e prevalece no Oriente e, depois, também no Ocidente. Evidentemente, as duas interpretações não são completamente separadas como poderia parecer e é possível encontrar uma interpretação que, de alguma forma, sirva de ponte entre as duas posições, a tal ponto que em Santo Agostinho, por exemplo, e seguindo a sua tendência platônica, nasce uma teologia dos sinais e das imagens pela qual se revela realidade superior. A partir do momento em que o *Sacramentum Magnum* se aplica à união Cristo-Igreja, união já anunciada em Gn 2,24, citada por São Paulo, a união entre o homem e a mulher torna-se sinal, recordação de realidade superior. Daí em diante, o matrimônio humano já não é em si *Sacramentum Magnum*; reservado à união entre Cristo e a Igreja, mas ele se reduz apenas a sacramentum, sinal da união entre Cristo e a Igreja.

Na realidade, essas interpretações apresentam-se limitadas e nem sempre, ao que parece, em correspondência com o próprio texto de Paulo. De fato, o que Paulo queria ensinar era que os esposos não eram simplesmente sinais, fato que lhes conferia responsabilidades morais, mas que eram, também, casal superior, sem dúvida, análogo ao casal primordial, mas muito superior, e, portanto, só os batizados podiam ver sua união como específica e diversa daquela que une os não-casados. Por outro lado, o fato de se considerar o matrimônio como sinal da união de Cristo com a Igreja ratificou o ensinamento do Apóstolo a considerações de indissolubilidade.

A nota da Bíblia de Navarra, p. 1195, diz:

> São Paulo evoca aqui o texto do Gen 2,24 que se refere à instituição matrimonial e aplica-se a Cristo e à Igreja. Com isso, ensina que o Matrimônio, tal como Deus o estabeleceu desde o princípio, é já uma realidade em certo modo sagrada, pois está aberta à sublime significação do amor de Deus pela humanidade.

A vocação matrimonial é, pois, um verdadeiro caminho de santidade. Assim o pregou com insistência o fundador da Opus Dei: "O matrimônio não é, para o cristão, uma simples instituição social, e menos ainda um remédio para as debilidades humanas: é uma autêntica vocação sobrenatural. Sacramento grande em Cristo e na Igreja, diz São Paulo (Ef 5,32), e, ao mesmo tempo e inseparavelmente, contrato que um homem e uma mulher fazem para sempre, porque, quer queiramos quer não, o matrimônio instituído por Jesus Cristo é indissolúvel: sinal sagrado que o santifica, ação de Jesus que invade a alma dos que se casam e os convida a segui-Lo, transformando toda a vida matrimonial num caminhar divino na Terra" (Cristo que passa, nº 23, Bíblia de Navarra, p. 1196, vol. II).

1.2 Família na Perspectiva do Concílio Vaticano II

A necessidade de conscientização sobre as condições reais da vivência matrimonial impõe-se também em vista da valorização extraordinária que a *Gaudium et Spes* proporciona ao matrimônio e à família, ambos responsáveis pelo bem-estar individual e social: "A salvação da pessoa e da sociedade humana está estreitamente ligada ao bem-estar da comunidade conjugal e familiar" (GS 47).

Devemos urgentemente nos conscientizar da responsabilidade de criar condições que favoreçam o bem-estar matrimonial e familiar. Fazendo isso, realizamos de maneira explícita aquilo a que a constituição da *Gaudium et Spes* nos exorta. Ela fala, em seu n. 52, de maneira específica, sobre essa necessidade. E o último parágrafo do n. 47 não só menciona a preocupação, mas aponta claramente para uma ação pastoral.

Tal ação, porém, não está sendo compreendida no sentido de que se deveria voltar a acentuar os ensinamentos doutrinários do passado. B. Häring deixa isso bem claro em seu comentário sobre "O matrimônio e a família no mundo de hoje" (GS 47), quando afirma: "Nada seria mais errado do que concluir [...] que se deveria buscar os ensinamentos da Igreja em documentos mais velhos e 'puramente doutrinais'".[11]

O mesmo autor ressalta, nesse contexto, também o caráter todo especial do Concílio Vaticano II e as suas implicações para a pastoral:

> Se uma coisa ficou clara no Concílio Vaticano II, então, é aquilo que João XXIII disse aos padres conciliares: O magistério da Igreja é totalmente pastoral. Falar de documentos puramente doutrinais que não enfoquem a pastoral significa desvalorizá-la em grande parte. Trata-se sempre da verdade salvífica, que só pode ser representada de maneira autêntica, se a maneira de sua apresentação da verdade da salvação serve para "iluminar e fortalecer" o ser humano aqui e agora e de tal maneira, que disso se pode esperar como resultado frutos de uma verdadeira ação cristã.[12]

Schillebeeckx interpreta de maneira bem parecida a contribuição do Concílio Vaticano II. Para ele, o Concílio foi feliz no seu agir, porque partiu do seguinte princípio: "Não definir novos dogmas, mas testemunhar uma sabedoria pastoral[13]".

---

11. HÄRING, B. LexikonfurTheologieundKirche, (LThK), Bd. 14, p. 428.

12. Id., ibid.

13. SCHILLEBEECKX, *E. L'Église du Christ et l'homme d'aujourd'hui selon Vatican II*, p. 108.

Sabedoria pastoral, porém, só pode surgir onde existe uma preocupação de situar os problemas em um contexto social; significa também ver o matrimônio na sua interação dinâmica e dialética com a sociedade, como ressalta Victor L. Heylen: A vida do casal e da família, que, por definição, é relacional e dialética, "é profundamente influenciada pelos fatores que a cercam. Eis porque o Concílio a situa primeiro em seu meio sociológico[14]".

Essa grande preocupação com a contextualização do matrimônio e da família, que encontramos em *Gaudium et Spes* (e especialmente em GS 47), é também a preocupação básica da presente pesquisa.

Avaliar o matrimônio e a sua interação com o meio é um pressuposto indispensável na reflexão sobre a adequação do trabalho pastoral às condições da sociedade de hoje. Nos textos do Concílio, essa contextualização foi feita para os tempos da modernidade.

Incluir a contextualização do matrimônio como dimensão importante na reflexão teológica permitiu, com base no Concílio Vaticano II, renovar parâmetros. Em termos de matrimônio e família, o artigo 47 da Constituição Pastoral *Gaudium et Spes* reflete de modo especial essa abertura para o contexto social. Parece viável, de outro lado, restringir reflexões acerca de cinco artigos (GS 48-52) a uma visão mais global. Dessa maneira, será possível sintetizar de modo específico os aspectos de interesse especial para este estudo.

A *Gaudium et Spes* n. 48 trata da dimensão religiosa do matrimônio e da família com base no enfoque da teologia da criação e da teologia da salvação[15]. A definição de matrimônio como "íntima comunidade de vida e de amor conjugal" serve como modelo para os documentos posteriores.[16]

Da santidade dos esposos depende a da sua família e a daqueles que com eles se relacionam. Daí que nos seja recordado:

---

14. HEYLEN, V. L. A promoção da dignidade do matrimônio e da família. In: BARAÚNA, G. (org.). A Igreja no mundo de hoje, p. 359.

15. Cf. GRUBER, H.-G. *ChristlicheEhe in modernerGesellschaft*, p.134.

16. Cf. FLORÉZ, G. Matrimonio y família, p. 252.

> Os esposos cristãos têm de ter consciência de que são chamados a ser apóstolos e de que o seu primeiro apostolado está no lar. Devemos compreender a obra sobrenatural que implica a fundação de uma família, a educação dos filhos, a irradiação cristã na sociedade. Desta consciência da própria missão dependem, em grande parte, a eficácia e o êxito da sua vida, a sua felicidade. Mas não esqueçam que o segredo da felicidade conjugal está no cotidiano, não em sonhos. Está em encontrar a alegria íntima que dá a chegada ao lar; está no convívio carinhoso com os filhos; no trabalho de todos os dias em que colabora toda a família; no bom humor perante as dificuldades, que é preciso encarar com desportivismo; e também no aproveitamento de todos os progressos que nos proporciona a civilização para tornar a casa agradável, a vida mais simples, a formação mais eficaz" (Temas atuais do Cristianismo, BÍBLIA DE NAVARRA, p. 1197, vol. II)

O amor conjugal, visto como um dos fins principais do matrimônio, encontra uma nova valorização: "envolve o bem de toda a pessoa; portanto, é capaz de enobrecer as expressões do corpo e da alma como elementos e sinais específicos da amizade conjugal e de enriquecê-los com uma especial dignidade" (GS 49); visão nova da corporalidade e da superação do dualismo: "A dimensão corporal do matrimônio não pode ser simplesmente vista dentro das categorias da finalidade; ela participa em palavras e amor, da maneira pessoal de ser do homem"; [17]concepção igualitária do homem e da mulher: "A unidade do matrimônio é também claramente confirmada pelo Senhor mediante a igual dignidade do homem e da mulher enquanto pessoas" (GS 49).

---

17. HÄRING, B. LThk, Bd. 14, p. 437.

Ainda, em concepção tradicional, a oposição minoritária no Concílio Vaticano II fez várias propostas para definir no artigo n.50 a fecundidade como único grande fim do matrimônio. Contra tal posição, excludente e prioritária, o Concílio redigiu um texto final, que junta a fecundidade a outros valores importantes para a vida conjugal: "O matrimônio e o amor conjugal por sua própria índole se ordenam à procriação e educação dos filhos. [...] O cultivo do verdadeiro amor conjugal e toda a estrutura da vida familiar que daí promana, sem desprezar os outros fins do matrimônio, tendem a dispor os cônjuges a cooperar corajosamente com o amor do Criador e do Salvador que por intermédio dos esposos aumenta e enriquece" (GS 50).

Sem desprezar os outros fins do matrimônio, o documento acentua a procriação e a educação como importantes finalidades da união conjugal. O texto deixa bem claro que a responsabilidade em relação a ambos é dos pais. Essa perspectiva é destacada de maneira específica por Heylen, em sua análise da *Gaudium et Spes*.

Conforme o autor, "os filhos são certamente um valor intrínseco, mas não basta pôr crianças no mundo, é preciso formar seres humanos. "[18] Essa responsabilidade dos cônjuges para com seu agir, seja no ato de transmitir nova vida, seja na educação dos seus filhos, significa que o casal deixa de ser simples instrumento da vontade divina, assim como documentos anteriores ao Concílio o tinham formulado.[19]A partir da nova compreensão da *Gaudim et Spes*, os esposos têm de ser entendidos como "cooperadores do amor de Deus Criador e como que seus intérpretes" (GS 50).

A *Gaudium et Spes* no n. 51 trata do controle da natalidade e da paternidade responsável. O Concílio não apresenta soluções concretas, mas define o núcleo da temática e os principais problemas:

---

18. HEYLEN, V. L. A promoção da dignidade do matrimônio e da família. In: A Igreja no mundo de hoje, p. 371.

19. BRUNNER cita como exemplo dessa interpretação a encíclica Casti Connubi (1930) de Pio XI (cf. BRUNNER, M. *Sieben Hypothese Grundlageeinerzeit gerechtenEhe pastoral*, AM End der Achtzgerjahre, p. 55).

> a) Por certas condições modernas de vida", é necessária, "ao menos por certo tempo" (GS 51), a limitação do número de filhos.
>
> b) A castidade não é considerada a solução fácil que resolve essa problemática, pois "não raramente a fidelidade pode entrar em crise e o bem da prole pode ser comprometido" (GS 51).
>
> c) "A vida deve ser protegida com o máximo cuidado desde a concepção. O aborto como o infanticídio são crimes nefandos" (GS 51).

O n. 52, da *Gaudium et Spes*, destaca uma das funções essenciais da família para o bem-estar individual e social: "A família é em certo sentido uma escola de enriquecimento humano" (GS 52). Mas para a família poder "atingir a plenitude de sua vida e de sua missão" (GS 52), é necessário todo um processo dinâmico e dialético que se realiza com base em vários fatores que colaboram:

> a) "A decisão comum dos esposos e a diligente cooperação dos pais na educação dos filhos [...];
>
> b) O poder civil [que] deve considerar como sua função sagrada reconhecer, proteger, cultivar a [...] verdadeira natureza (do matrimônio e da família) [...];
>
> c) [...] os fiéis [que] promovam ativamente os valores da família e do matrimônio pelo próprio exemplo [...];
>
> d) Os especialistas em ciências, mormente biológicas, médicas, sociais e psicológicas;

> e) Os sacerdotes, adequadamente formados em questão familiares [...]" (GS 52).

O artigo 52, da *Gaudium et Spes,* mostra, de forma explícita, que matrimônio e família não são estáticos. Eles se desenvolvem em um processo interativo constante com a sociedade que os envolve. Essa interação está sendo vista pelo Concílio de maneira positiva. Isso, apesar do fato de este mundo não ser perfeito e puro. *Gaudium et Spes* fala das imperfeições, dos conflitos e das tentações que existem;.mas, em vez de se fechar "na sacristia"[20], a Igreja se abriu para este mundo, descortinando novos parâmetros para uma ação na sociedade; no caso específico da questão do matrimônio, criou os pré-requisitos para uma pastoral matrimonial renovada.

Essa pequena sociedade na qual convivem, durante muitos anos, dia e noite, pais e filhos, irmãos e irmãs, constitui-se na escola de sabedoria humana e religiosa por excelência. Se ela falha, é muito difícil que outras escolas logrem suprir as deficiências consumadas. A cátedra da família ensina muitas coisas, mas, especialmente, o amor. O Senhor, por um dom especial de graça e caridade, dignou-se a restaurar, a aperfeiçoar e a elevar o amor entre os esposos. "Esse amor, firmado pela fé mútua e consagrado pelo Sacramento de Cristo, deve ser cultivado e conquistado em todos os momentos da vida do casal" (*Gaudium et Spes* números 354 - 355 – Concílio Vaticano II).

1.3 Família: desafios pastorais nos dias atuais

O Papa João Paulo II destaca, no seu discurso ao Conselho da Secretaria-Geral do Sínodo dos Bispos (23 de fevereiro de 1980), a importância de avaliar situações e condições concretas em que o matrimônio e vida familiar se realizam: "Uma vez que o desígnio

20. Já em 1900, o redentorista brasileiro Padre Júlio Maria fez um grande apelo à Igreja para que ela se abrisse para o mundo: "O clero vive separado do povo; [...] o clero está encerrado na sacristia; e, esperando tudo da graça de Deus, imagina que esta há de arranjar tudo sem a sua cooperação" (JÚLIO MARIA, O catolicismo no Brasil, p. 250s).

de Deus sobre o matrimônio e sobre a família visa ao homem e à mulher no concreto da sua existência cotidiana, em determinadas situações sociais e culturais, a Igreja, para cumprir a sua missão, deve esforçar-se por conhecer as situações em que o matrimônio e a família se encontram hoje".[21]

Blank afirma que as palavras do Papa alertam sobre a importância do contexto em que o matrimônio se realiza (BLANK, 2011, p. 9)[22]. Segundo Blank, a Conferência Nacional dos Bispos do Brasil caracteriza esse contexto como crise da modernidade que "se revelou, antes de tudo, na falência das promessas modernas de 'liberdade e igualdade' ou de 'progresso' em favor de todos" (BLANK, 2011, p.9).

A *Familiaris Consortio* no n. 6, parágrafo segundo, evidencia preocupação em relação ao matrimônio e à família:

> [...] existe uma consciência mais viva da liberdade pessoal e uma maior atenção à qualidade das relações interpessoais no matrimônio, à promoção da dignidade da mulher, à procriação responsável, à educação dos filhos; há, além disso, a consciência da necessidade de que se desenvolvem relações entre as famílias por uma ajuda recíproca espiritual e material, a descoberta de novo da missão eclesial própria da família e da sua responsabilidade na construção de uma sociedade mais justa. Por outro lado, contudo, não faltam sinais de degradação preocupante de alguns valores fundamentais: uma errada concepção teórica e prática da independência dos cônjuges entre si; as graves ambiguidades acerca da relação de autoridade entre pais

---

21. *Cf. Insegnament di Giovanni Paolo II*, III, 1 (1980), 472-476. In: João Paulo II. Exortação Apostólica: A missão da família cristã no mundo de hoje, 1982.

22. BLANK, Christine E. Construir o matrimônio na pós-modernidade: novas estratégias construtivas e interativas para a convivência matrimonial, 2011.

> e filhos; as dificuldades concretas, que a família muitas vezes experimenta na transmissão dos valores; o número crescente de divórcios; a praga do aborto; o recurso cada vez mais frequente à esterilidade; a instauração de uma verdadeira e própria mentalidade contraceptiva (FC[23] 6, p. 8-9).

Mas a realidade, em um curto lapso de tempo, mudou a família consideravelmente. Viemos, os mais velhos, de famílias semipatriarcais, na maioria bastante numerosas. Famílias tranquilas, no mundo do trabalho, com acentuado espírito de obediência, e, às vezes, de austeridade, na coordenação firme dos pais, o que já não acontece hoje. Tanto é que se insistia muito sobre a obediência dos filhos aos pais. Famílias estáveis, e mais maleáveis. Transformações e avanços ocorreram em todos os setores da vida. O mundo já não é o mesmo de 50 ou 60 anos atrás. Parece que tudo muda, tudo se transforma. As ciências evoluíram, a saúde ganhou novos contornos, levando a média etária a crescer muito, passo importante na desintegração do átomo, com todas as suas consequências, conquista do espaço e tantas outras mudanças. Significativamente, na área das comunicações passos gigantescos foram trilhados. Hoje se comunica com extraordinária facilidade. O mundo ficou pequeno. Câmaras captam acontecimentos imprevisíveis e os retransmitem. A televisão é indispensável e o telefone, especialmente o celular, sempre mais vai sendo comum em qualquer lugar em que esteja, mesmo na zona rural. Isso incide profundamente na vida da família e que a modernidade e a pós-modernidade levam todos nós, a partir da infância e da adolescência, a mudanças de mentalidade e de modo de pensar e agir. Todas essas vertiginosas mudanças são assimiladas por todos. A vida não é estática, é movimento, e se faz em conformidade com as circunstâncias e o dinamismo dos tempos. A própria criança hoje é precoce, os pais se surpreendem

---

23. JOÃO PAULO II. Exortação Apostólica *Familiaris Consortio* sobre a função da família cristã no mundo de hoje, São Paulo: Loyola, 5ª ed. 2004.

com os filhos e, se não os acompanharem, ficam para trás. A vida se desenvolve e amadurece mais velozmente. As crianças têm mais vitalidade e, com frequência, dão o tom e o ritmo à família. Até os brinquedos são outros, os meninos já desconhecem o que seja empinar "papagaios" ou pipas de papel, não brincam com carrinhos feitos pelas próprias mãos, e as meninas são menos atraídas para bonecas. O ritmo da vida é outro, e outros são os interesses que atraem tanto adultos como jovens e crianças (PEREIRA DE ALMEIDA, 2010, p. 46-47).

Atualmente, no que se refere à família, as mudanças ocorridas na sociedade exercem influência direta, de modo que já não se vive a ilusão de encontrar realização sem interagir com tais mudanças. É possível que algumas pessoas, ao refletirem sobre a família, sonhem sempre com aquela sociedade composta por pai, mãe e os filhos vivendo em uma casa, o pai provendo com seu trabalho todas as necessidades da família, a mãe, carinhosa e infatigável, apenas tomando conta da casa e da educação dos filhos, o casal buscando viver em harmonia, encontrando profunda satisfação e digna recompensa no que fazem, enquanto as crianças, neste clima de estabilidade, brincam e estudam alegres e despreocupadas.

Sabemos que a realidade já não é mais assim. Há muitas mulheres que necessitam criar seus filhos sem contar com a presença e ajuda do pai, como há também casos em que a mãe pode faltar e outra pessoa, como a avó, uma tia, vizinha, irmã mais velha ou o próprio pai tenham que assumir a função de cuidar da casa e educar as crianças. Por vezes, ocorre a presença de um membro dependente de álcool ou de outras drogas, ou a prática da violência familiar, e, ainda, outras vezes, a família enfrenta situações de enfermidade entre seus membros, ou situações de desemprego e até miséria extrema.

Com todos os problemas socioeconômicos que assolam a maior parte das famílias contemporâneas, é sonho não realizado de muitos ter um lar digno para moradia, ter uma família alicerçada no amor.

Aqueles grupos familiares que, pelas adversidades da vida, sofrem perdas na sua estrutura, não deixam de receber o nome de "família" e não estão excluídos da possibilidade de encontrar realização e cumprimento de sua missão como tal. Estas são famílias em condições especiais, com desafios que sempre existiram e requerem grande dose de coragem nos seus enfrentamentos.

Há famílias que, mesmo não se encaixando em situações explicitamente difíceis, também vivem perdidas diante de sua razão de existir, contribuindo para que se multiplique o número daqueles que já não acreditam mais nessa instituição e estejam optando por relações instáveis e descomprometidas, em substituição à intenção de permanência e fidelidade que são intrínsecas ao matrimônio e à família.

Vivemos hoje um tempo em que o individualismo se manifesta, talvez como em nenhuma outra época da história, o que traz implicações evidentes sobre as relações familiares e, consequentemente, sobre toda a sociedade.

Em uma família, quando a relação entre pais e filhos expõe conflitos, gerando insegurança no modo de ser e de agir de cada um, uma espécie de solidão, característica do nosso tempo se escancara: a solidão acompanhada. Talvez, em consequência de tal situação, o comportamento compulsivo, característico da nossa época, se acerba, acarretando a perda do autodomínio, da criatividade e do crescimento pessoal que deveriam se desenvolver em cada família.

Os pais, atônitos com as liberalidades de hoje, perdem a noção do que é ético e não sabem mais orientar os filhos. Lares desmoronam em razão dos desencontros familiares e porque muitos adultos passam a se comportar inadequadamente, por perderem a noção do certo e do errado, vivendo num relativismo moral, comportando-se como "casados solteiros". A juventude deixa de ver o casamento como uma meta prioritária, já que mais importante é vencer e gozar a vida.

Os que casam, mesmo quando seguem alguma religião, também não levam a família muito a sério, ou não dispõem de condições financeiras para ampliar a família e protelam a chegada dos filhos logo que casam. Alguns até nem querem ter filho, pois, no seu modo egoísta de viver, o que importa é formar patrimônio, crescer e curtir a vida. De fato, em um mundo altamente competitivo, em que as pessoas são valorizadas pelo que possuem e conquistam, não é fácil encontrar tempo para criar filho. A televisão, a internet e os compromissos profissionais e sociais também contribuem para isso. A luta pela sobrevivência e a busca de ascensão social, por outro lado, fazem os filhos partirem em busca de oportunidades em regiões distantes, porque, apesar do progresso, o número de empregos diminui, porque os ricos preferem usar tecnologia em vez de mão de obra, para aumentarem seus lucros. Distanciados, parentes e até mesmo irmãos perdem pouco a pouco o liame emocional.

Outro desafio, apresentado pela *Amoris Laetitia*, é a "ideologia genericamente chamada "gender", que "nega a diferença e a reciprocidade natural de homem e mulher. Ela apresenta uma sociedade sem diferença de sexo, esvaziando a base antropológica da família. Esta ideologia induz a projetos educativos e a orientações legais que promovem uma identidade pessoal e uma intimidade afetiva radicalmente desvinculada da diversidade biológica entre homem e mulher. A identidade humana é entregue a uma opção individualista, também variável no tempo". [...] É preciso não esquecer que "sexo biológico (sex) e função sociocultural do sexo (gender), podem-se distinguir, mas não separar". (AL[24] 56).

No centro da constituição de toda família arraiga-se o humano apelo fundamental de "não estar só", o que revela uma necessidade bem mais ampla do que a de dois seres apenas. Mesmo nascendo de um desejo afetivo de duas pessoas se complementarem, a família acaba se dirigindo para a construção de objetivos bem mais amplos e que podem tornar este mundo melhor. Cada família constituída pode afastar não somente a solidão de duas pessoas, mas atenua a solidão no mundo e pode fazer crescer a família humana, não apenas em quantidade, mas também em qualidade.

---

24. FRANCISCO, Papa. Exortação Apostólica Pós-Sinodal *Amoris Laetitia* sobre o amor na família. São Paulo: Paulinas, 2016.

O Papa Francisco ainda destaca: "Não caiamos no pecado de pretender substituir ao Criador. Somos criaturas, não somos onipotentes. A criação precede-nos e deve ser recebida como um dom. Ao mesmo tempo somos chamados a guardar a nossa humanidade, e isto significa, antes de tudo, aceitá-la e respeitá-la como ela foi criada" (AL 56).

A família não pode se isolar e nem ser um "nicho" isolado do mundo! A despeito de todos os desafios, próprios de cada tempo, ela continua sendo o "lugar" privilegiado de cuidados, aprendizado dos afetos, construção de identidades, da consciência de pertença a este mundo e da necessidade que cada um tem que deixar nele a sua marca. A família de hoje precisa estar continuamente restaurando e alimentando suas relações entre si e com o mundo. Seus membros necessitam antes de tudo viver a solidariedade mútua e, juntos, abrirem-se à solidariedade aos que estão fora dela e muitas vezes à margem da sociedade. Para viver uma experiência de estabilidade e comunhão neste tempo de grandes instabilidades, a família precisa de uma reeducação contra o individualismo pessoal e o fechamento grupal.

Frei Humberto afirma que "precisamos convir que ética e moral não são invenções de religião ou de Igreja, mas princípios e exigências da própria dignidade da vida e dos valores humanos fundamentais. Como fonte, como origem e como formadora da vida, a família deve ter respeito pelo que há de mais íntimo na pessoa humana. A degradação sexual é um desrespeito pela própria vida. Uma das múltiplas missões da família é a de ser fonte da vida e formadora para a vida. O mundo se transforma, transforma-se a família, mas a vida humana deve se apoiar em bases sólidas". (PEREIRA DE ALMEIDA, 2010, p. 50)

Assim como na sociedade como um todo, os membros de cada família podem enfrentar os desafios de hoje aceitando-se uns aos outros como são ou como se encontram naquele momento, acolhendo-se mutuamente em qualquer circunstância e não se excluindo, mas contribuindo com a sua parte para que o outro se torne uma pessoa melhor.

2

ORIENTAÇÕES PASTORAIS DA AMORIS LAETITIA

Trataremos nesta seção sobre o aspecto pastoral da Igreja na Exortação Apostólica *Amoris Laetitia* em relação a orientações da práxis pastoral contidas no documento e seu referido contributo. Falaremos sobre algumas interpretações que surgiram em torno do episcopado e sobre a acolhida aos casais de segunda união como tema central orientado pela encíclica.

2.1. Principais orientações contidas no documento

No sexto capítulo, o Papa expõe algumas vias pastorais para construir famílias sólidas e fecundas, segundo o plano de Deus. Nesta parte, a exortação recorre abundantemente às relações conclusivas dos dois Sínodos sobre a família e às catequeses de Francisco e de João Paulo II. Recorde-se que as famílias são sujeito e não somente objeto de evangelização e reconhece-se que "aos ministros ordenados costuma faltar-lhes formação adequada para tratar os complexos problemas atuais das famílias" (AL 202). Se, por um lado, é necessário melhorar a formação psicoafetiva dos seminaristas e envolver mais as famílias na formação do ministério (cfr. AL 203), por outro lado, "pode ser útil (...) também a experiência da longa tradição oriental dos sacerdotes casados" (cfr. AL 239).

Depois, o Papa enfrenta a necessidade de guiar noivos no caminho da preparação para o matrimonio e de acompanhar os esposos nos primeiros anos de vida matrimonial (tratando o tema da paternidade responsável). Fala também da necessidade de acompanhar algumas situações complexas, em particular, nas crises, sabendo que "cada crise esconde uma boa notícia que há que saber escutar afinando o ouvido do coração" (AL 232). Analisam-se algumas causas de crises, entre elas, um amadurecimento afetivo tardio (cf. AL 239).

Fala-se do acompanhamento das pessoas abandonadas, separadas e divorciadas, sublinha-se a importância da recente reforma dos procedimentos para o reconhecimento dos casos de nulidade matrimonial. Põe-se em relevo o sofrimento dos filhos nas situações de conflito e conclui-se: "O divórcio é um mal e é muito preocupante o crescimento do número de divórcios. Por isso, sem dúvida, a nossa tarefa pastoral mais importante a respeito das famílias consiste em fortalecer o amor e ajudar a sarar feridas, de maneira que possamos prevenir o avanço desse drama da nossa época" (AL 246).

O *Instrumentum Laboris*[25] no n. 106, remete-nos a um "grande rio de misericórdia" sobre a questão dos separados e divorciados:

> No Sínodo, voltou a ressoar claramente a necessidade de opções pastorais corajosas. Confirmando de modo vigoroso a fidelidade ao Evangelho da família e reconhecendo que a separação e o divórcio constituem sempre feridas que provocam sofrimentos profundos nos cônjuges que os experimentam e nos filhos, os Padres sinodais sentiram a urgência de novos caminhos pastorais, que comecem a partir da realidade efetiva das fragilidades familiares, conscientes de que, com frequência, elas são mais 'padecidas' com

25. SÍNODO DOS BISPOS XIV ASSEMBLEIA GERAL ORDINÁRIA: A vocação e a missão da família na Igreja e no mundo contemporâneo. Instrumentum Laboris. Doc. 38.São Paulo: Paulinas, 2015.

> sofrimentos do que escolhidos com plena liberdade. Trata-se de situações diferentes, tanto por fatores pessoais como culturais e socioeconômicos. É necessário um olhar diferenciado, como sugeria São João Paulo II (cf. FC, n. 84).

Cuidar das famílias feridas e levá-las a experimentar a misericórdia infinita de Deus é considerado por todos como um princípio fundamental; no entanto, é diferenciada a atitude em relação às pessoas envolvidas. Por um lado, alguns julgam que é necessário encorajar quantos vivem uniões não matrimoniais a empreender o caminho do retorno. Por outro lado, há quem apoie tais pessoas, convidando-as a olhar para frente, a sair da prisão da raiva, da desilusão, para se pôr novamente a caminho. Sem dúvida, afirmam outros, ainda, essa arte do acompanhamento exige um discernimento prudente e misericordioso, assim como a capacidade de distinguir concretamente a diversidade de cada uma das situações. (*Instumentum Laboris*, n. 107).

O Cardeal Emérito Luís Martínez Sistach nos diz que as Exortações Apostólicas do Papa Francisco *Evangelii Gaudium* e *Amoris Laetitia* "abrem à Igreja algumas perspectivas pastorais muito necessárias ao nosso tempo para realizar um trabalho eclesial de evangelização, para que se cumpra aquele sonho que nos conta o Papa Francisco. O sonho de 'uma opção missionária capaz de transformar tudo, para que os costumes, os estilos, os horários, a linguagem e toda a estrutura eclesial se tornem um canal que proporcione mais à evangelização do mundo atual... que coloque os agentes de pastorais em atitude constante de 'saída' e, assim, favoreça a resposta positiva de todos aqueles a quem Jesus oferece a sua amizade'" (MARTÍNEZ SISTACH, 2017, p. 61).[26]

Sistach nos mostra que "toda a Exortação *Amoris Laetitia* pede à Igreja uma renovação da pastoral matrimonial e familiar. O riquís-

---

26. SISTACH MARTÍNEZ, Lluís, Cardeal Emérito. Como aplicar Amoris Laetitia. São Paulo: Fons Sapientiae, 2017.

simo conteúdo que nos oferece o Papa Francisco e que é fruto também de dois Sínodos dos Bispos, um verdadeiro trabalho sinodal, toca muitíssimos aspectos da vocação e da missão do matrimônio e da família que nos pede reflexão e conversão pastoral. O trabalho que nos deixa a Exortação é contínuo, pois constatamos que as situações dos matrimônios e das famílias na atualidade do mundo exigem um renovado esforço por parte de todos os agentes de pastoral para fazer os ajustes e as reformas pertinentes. Por outro lado, o matrimônio não significa duas realidades isoladas do resto da vida, encontram-se intimamente relacionadas com uma série de aspectos da pastoral em geral" (MARTÍNEZ SISTACH, 2017, p. 62).

Diz ainda que "a Igreja deve ajudar os matrimônios e as famílias a realizarem o Evangelho da família em suas vidas. A pastoral matrimonial e familiar é uma tarefa muito urgente nas igrejas diocesanas" (MARTÍNEZ SISTACH, 2017, p. 62). Dedicam-se a essa pastoral os números 205 a 216 da *Amoris Laetitia*. Em linhas gerais, "os Padres Sinodais coincidiram, e o Papa o recolhe, e 'a principal contribuição para a pastoral familiar é oferecida pela paróquia, que é uma família de famílias, onde se harmonizam os contributos das pequenas comunidades, movimentos e associações eclesiais'" (AL n. 202; *Relatio Finalis* 2015, n. 77). Sendo assim, "a autêntica preparação para o matrimônio começa desde os primeiros anos, na infância dos futuros contraentes. Daí a importância de encontrarem uma família que pretenda ser o reflexo de uma íntima comunidade de vida e de amor. A preparação de maneira próxima, que deve ser realizada na adolescência e na juventude, é muito importante e, se não for feita, dificilmente poderá ser posteriormente suprida. O Papa observa que 'os Padres sinodais afirmaram, de várias maneiras, que é preciso ajudar os jovens a descobrirem o valor e a riqueza do matrimônio. Devem aprender a captar o fascínio de uma união plena que leva e aperfeiçoa a dimensão social da vida, confere à sexualidade o seu sentido maior, ao mesmo tempo que promove o bem dos filhos e lhes proporciona o melhor contexto para o seu amadurecimento e educação'" (AL 205; MARTÍNEZ SISTACH,2017, p. 63).

O Documento de Aparecida nos remete a alguns apontamentos de como estimular a pastoral familiar:

> a) "Comprometer de maneira integral e orgânica as outras pastorais, os movimentos e associações matrimoniais e familiares em favor das famílias.
>
> b) Renovar a preparação remota e próxima para o sacramento do matrimônio e da vida familiar com itinerários pedagógicos de fé (Pontifício Conselho para a Família, Preparação para o Sacramento do Matrimônio, n.19. 13 de maio de 1996; *Familiaris Consortio* n.66).
>
> c) Estimular e promover a educação integral dos membros da família, especialmente daqueles membros da família que estão em situações irregulares, incluindo a dimensão do amor e da sexualidade (Discurso Inaugural de S.S. Bento XVI na V Conferência Geral do Episcopado Latino-americano n. 5).
>
> d) Estabelecer programas de formação, atenção e acompanhamento para a paternidade e a maternidade responsáveis.
>
> e) Estudar as causas das crises das famílias para encará-las em todos os seus fatores.
>
> f) Continuar oferecendo formação permanente, doutrinal e pedagógica, para os agentes de pastoral familiar.

> g) Acompanhar com cuidado, prudência e amor compassivo, seguindo as orientações do Magistério (*Familiaris Consortio* 84; *Sacramentum Caritatis* 29), os casais que vivem em situação irregular, tendo presente que os divorciados e novamente casados não lhes é permitido comungar (*Familiaris Consortio* n.77). Requerem-se mediações para que a mensagem de salvação chegue a todos. É urgente estimular ações eclesiais, com trabalho interdisciplinar de teologia e ciências humanas, que ilumine a pastoral e a preparação de agentes especializados para o acompanhamento desses irmãos.
>
> h) Diante das petições de nulidade matrimonial, há de se procurar que os Tribunais eclesiásticos sejam acessíveis e tenham atuação correta e rápida (*Sacrossanctum Concilium* n. 29). (DAp[27], n. 437, p. 195-196).

Diante dessas prerrogativas, é mister que haja um preparo maior dos agentes de pastorais para com a família, a fim de levá-la a descobrir não só sua identidade, mas o que pode fazer: a sua missão. As tarefas, que a família é chamada por Deus a desenvolver na história, brotam do seu próprio ser existencial. Cada família descobre e encontra em si mesma o apelo inextinguível, que, ao mesmo tempo, define a sua dignidade e a sua responsabilidade, que é de ser ela própria no seio da sociedade.

---

27. DOCUMENTO DE APARECIDA. Texto conclusivo da V Conferência Geral do Episcopado Latino-Americano e do Caribe 13-31 de maio de 2007.

Voltar ao princípio do gesto criativo de Deus é, então, uma necessidade para a família que queira conhecer e realizar, segundo a verdade interior, não só do seu ser, mas também do seu agir histórico. E porque, segundo o plano de Deus, é constituída qual "íntima comunidade de vida e de amor" (GS 48), a família tem a missão de se tornar cada vez mais aquilo que é, ou seja, comunidade de vida e de amor, em uma tensão que, como para cada realidade criada e redimida, encontrará a plenitude no Reino de Deus. E em uma perspectiva que atinja as próprias raízes da realidade; deve dizer-se que a essência e os deveres da família são, em última análise, definidos pelo amor. Por isto é-lhe confiada a missão de guardar, revelar e comunicar o amor, qual reflexo vivo e participação real do amor de Deus pela humanidade e do amor de Cristo pela Igreja, sua esposa (Ef 5,23).

Cada dever particular da família é a expressão e a atuação concreta de tal missão fundamental. É necessário, portanto, penetrar mais profundamente na riqueza singular da missão da família e sondar conteúdos numerosos e unitários. Mas para isso é necessário haver um cuidado pastoral a fim de zelar pelo bom êxito da família na sociedade e no mundo de hoje, fazendo que ela, a família, não se desvincule de sua missão.

São João Paulo II põe em evidência quatro deveres gerais da família:

a) A formação de uma comunidade de pessoas;

b) O serviço à vida;

c) A participação no desenvolvimento da sociedade;

d) A participação na vida e na missão da Igreja.

Portanto, a primeira atitude pastoral, em relação aos que se encontram à margem da vida eclesial, é o acolhimento. Trata-se de uma abertura verdadeira a todos, com o desejo sincero e generoso de aproximar cada pessoa da fonte da divina misericórdia. Essa acolhida assume um caráter ativo, pois se insere na dinâmica missionária de uma Igreja em saída, ou seja, uma Igreja que, sem discriminação, a todos acolhe, sobretudo abrindo os braços para as pessoas marginalizadas, oferecendo abrigo aos excluídos, aos que necessitam de acolhimento, às pessoas que se encontram sem amparo, abandonadas nas periferiais existenciais. Ninguém deve sentir-se excluído da oferta gratuita do amor de Deus (CNBB, 2017, n. 15, p. 12).

Deve-se haver uma pastoral de acompanhamento e discernimento. O acompanhamento é o componente relevante da pastoral familiar aos novos casais. A *Amoris Laetitia* cita a afirmação dos padres sinodais: "Os primeiros anos de matrimônio são um período vital e delicado, durante o qual os cônjuges crescem na consciência dos desafios e do significado do matrimônio" (AL, n. 223).

Segundo Dom Benedito Beni, "no acompanhamento dos novos casais, é necessário sublinhar o acolhimento generoso do dom dos filhos, a espiritualidade da família, a oração, e a participação no encontro dominical. É importante também a reunião de casais para o cultivo da espiritualidade e solidariedade" (BENI DOS SANTOS, 2017, p.53[28]).

Para DOM SISTACH, "o acompanhamento permite conhecer e discernir as várias situações em que se encontram as pessoas em sua consciência e diante de Deus e permite o oferecimento de uma resposta pastoral objetiva e pastoral. O pastor que realiza esse acompanhamento pode chegar à conclusão de que uma pessoa ou casal possa aceder a uma legítima petição, e outra pessoa ou casal, cuja situação objetiva parece ser a mesma, possa não aceder à mesma petição. Embora as situações das duas pessoas possam objetivamente ser iguais, após conhecer a realidade mais profundamente, percebe-se que são situações distintas. Aqui aparece a cruz do pastor, porque ele pode ser mal compreendido em sua ação pela injustiça" (MARTÍNEZ SISTACH, 2017, p. 68).

---

28. BENI DOS SANTOS, Benedito, Dom. Reflexões sobre a Exortação Apostólica Pós-Sinodal Amoris Laetitia. Brasília: CNBB, 2017.

Por conseguinte, "o discernimento é uma palavra-chave na *Amoris Laetitia*. Na Exortação, o discernimento que realiza um cristão não é simplesmente uma análise sociológica ou psicológica da realidade, tampouco deve ser realizado com vistas a uma operação culturalmente fundada em um ponto de vista puramente antropológico. O discernimento de *Amoris Laetitia* faz referência específica à vontade de Deus para ser cumprida aqui e agora no concreto sujeito discernente e ativo. O discernimento é mais que um ato, é um processo aberto. A Exortação afirma que no discernimento pastoral convém 'identificar elementos que favoreçam a evangelização e o crescimento humano e espiritual' (AL, n. 293). Para isso se pede o primeiro anúncio e a catequese" (MARTÍNEZ SISTACH, 2017, p. 68).

DOM BENI destaca que "a *Amoris Laetitia* é toda envolvida pela perspectiva pastoral. Dedica a ela três capítulos especificamente. Expõe alguns princípios que iluminam o discernimento da práxis pastoral. A pastoral é aquele conjunto de práticas através das quais o anúncio da Boa-Nova (Evangelho) se torna boa realidade para todos. A meu ver, a exortação possui um princípio original originante. Trata-se de um princípio primeiro do qual decorrem outros princípios imediatos. Transcrevo-o na íntegra: 'Para evitar qualquer interpretação tendenciosa, lembro que, de modo algum, deve a Igreja renunciar a propor o ideal pleno do matrimônio, o projeto de Deus em toda a sua grandeza: 'É preciso encorajar os jovens batizados para não hesitarem perante a riqueza que o sacramento do matrimônio oferece aos seus projetos de amor, com a força do apoio que recebem da graça de Cristo e da possibilidade de participar plenamente da vida da Igreja' (*Relatio Synodi* 2014). A tibieza, qualquer forma de relativismo ou um excessivo respeito na hora de propor o sacramento seriam uma falta de fidelidade ao Evangelho e também uma falta de amor da Igreja pelos próprios jovens. A compreensão pelas situações excepcionais não implica jamais esconder a luz do ideal mais pleno, nem propor menos de quanto Jesus oferece ao ser humano. Hoje, mais importante do que uma pastoral dos fracassados é o esforço pastoral para consolidar os matrimônios e assim evitar as rupturas'" (AL, n. 307; BENI DOS SANTOS, 2017, p. 54).

A integração é o objetivo do acompanhamento e do discernimento. O cume de toda integração é a inserção de cada pessoa na vida eclesial. Essa integração é gradual e segue os passos apontados pelo discernimento, em uma perspectiva de plena inserção da pessoa na comunidade (CNBB, 2017, n. 21, p. 14).

De um lado, a exortação reconhece que a ruptura do vínculo matrimonial se opõe à vontade de Deus. Sua pastoral familiar é, antes de tudo, a pastoral do vínculo (AL, n. 291). Mas, do outro lado, está consciente da fragilidade humana, inclusive de seus filhos. Daí a conclusão: "Embora não cesse jamais de propor a perfeição e convidar a uma resposta mais plena a Deus, 'a Igreja deve acompanhar, com atenção e solicitude, os seus filhos mais frágeis, marcados pelo amor ferido e extraviado, dando-lhes de novo confiança e esperança, como a luz do farol de um porto ou de uma tocha acesa no meio da tempestade' (*Relatio Synodi* 2014, n. 28). Não esqueçamos que, muitas vezes, o trabalho da Igreja é semelhante ao de um hospital de campanha" (AL, n. 291; BENI DOS SANTOS, 2017, p. 54).

O olhar positivamente realista do Papa Francisco coloca a Igreja em diálogo direto com as famílias. Sua opção pastoral de encará-las, com amor e misericórdia, pode inquietar, mas pretende fazer progredir o caminho da nova evangelização, acolhendo, acompanhando, discernindo e integrando a todos sem exceção (CNBB, 2017, n. 53, p. 27).

Diante de todo esse olhar de misericórdia da Igreja para com os casais de segunda união, surgiram interpretações diversas pelo episcopado a respeito de algumas prerrogativas acerca da encíclica *Amoris Laetitia*, havendo más interpretações a respeito do pastoreio do Papa Francisco.

2.2 Interpretações diversas do documento pelo episcopado

De acordo com a carta enviada ao Papa Francisco, intitulada *Correctio filialis,* escrita por diversos clérigos católicos, mostraremos como diversas passagens da *Amoris Laetitia*, em conjunção com os atos, palavras e omissões de Sua Santidade, servem para propagar sete proposições que não foram bem aceitas por alguns membros da Igreja católica, a que o documento não faz menção. Não é intuito aqui causar polêmica em relação ao questionamento se o Papa deve ou não autorizar a admissão aos sacramentos para os casais de segunda união. Apenas mencionar o que alguns cardeais disseram acerca da encíclica.

Apresentaremos as passagens de *Amoris Laetitia* contidas na *Correctio filialis* a que se referem:

Em AL n.295 "São João Paulo II propunha a chamada 'lei da gradualidade', ciente de que o ser humano 'conhece, ama e cumpre o bem moral, segundo diversas etapas de crescimento'. Não é uma 'gradualidade da lei', mas uma gradualidade no exercício prudencial dos atos livres em sujeitos que não se enonctram em condições de compreender, apreciar ou praticar plenamente as exigências objetivas da lei".

AL 296: "Duas lógicas percorrem toda a história da Igreja: marginalizar e reintegrar. [...] O caminho da Igreja, desde o Concílio de Jerusalém em diante, é sempre o de Jesus: o caminho da misericórdia e da integração. [...] O caminho da Igreja é o de não condenar eternamente ninguém".

AL 297: "Ninguém pode ser condenado para sempre, porque essa não é a lógica do Evangelho".

AL 298: "Os divorciados que vivem em uma nova união, por exemplo, podem encontrar-se em situações muito diferentes, que não devem ser catalogadas ou encerradas em afirmações demasiado rígidas, sem deixar espaço para um adequado discernimento pessoal e pastoral. Uma coisa é uma segunda união consolidada no tempo, com novos filhos, com fidelidade comprovada, dedicação generosa, compromisso cristão, consciência da irregularidade da sua situação e grande dificuldade para voltar atrás sem sentir, em consciência, que se cairia em novas culpas. A Igreja reconhece a existência de situações em que 'o homem e a mulher, por motivos sérios – como, por exemplo, a educação dos filhos – não se podem separar'. [Nota 329: Nessas situações, muitos, conhecendo e aceitando a possibilidade de conviver 'como irmãos', que a Igreja lhes oferece, destacam que, se faltarem algumas formas de intimidade, 'pode pôr em perigo não raras vezes o bem da fidelidade e o bem da prole'']. Há também o caso daqueles que fizeram grandes esforços para salvar o primeiro matrimônio e sofreram um abandono injusto, ou o caso daqueles que 'contraíram uma segunda união em vista da educação dos filhos, e, às vezes, estão subjetivamente certos em consciência de que o precedente matrimônio, irremediavelmente destruído, nunca tinha sido válido'. Coisa diferente, porém, é uma nova união que vem de um divórcio recente, com todas as consequências de sofrimento e confusão que afetam os filhos e famílias inteiras, ou a situação de alguém que faltou repetidamente aos seus compromissos familiares. Deve ficar claro que este não é o ideal que o Evangelho propõe para o matrimônio e a família. Os padres sinodais afirmaram que o discernimento dos pastores sempre se deve fazer 'distinguindo adequadamente', com um olhar que discirna bem as situações. Sabemos que não existem 'receitas simples'".

AL 299: "Acolho as considerações de muitos padres sinodais que quiseram afirmar que os batizados que se divorciaram e voltaram a casar civilmente devem ser mais integrados na comunidade cristã sob as diferentes formas possíveis, evitando toda a ocasião de escândalo. A lógica da integração é a chave do seu acompanhamento pastoral, para saberem que não só pertencem ao Corpo de Cristo que é a Igreja, mas podem também ter disso mesmo uma experiência feliz e fecunda. São batizados, são irmãos e irmãs, o Espírito Santo derrama sobre eles dons e carismas para o bem de todos. [...] Não só não devem sentir-se excomungados, mas podem viver e maturar como membros vivos da Igreja, sentindo-a como uma mãe que sempre os acolhe, cuida afetuosamente deles e encoraja-os no caminho da vida e do Evangelho".

AL 300: "Uma vez que 'o grau de responsabilidade não é igual em todos os casos', as consequências ou efeitos de uma norma não devem necessariamente ser sempre os mesmos [Nota 336: Tampouco no referente à disciplina sacramental, uma vez que o discernimento pode reconhecer que numa situação particular não há culpa grave]".

AL 301: "Já não é possível dizer que todos os que estão numa situação chamada 'irregular' vivem em estado de pecado mortal, privados da graça santificante. Os limites não dependem simplesmente de um eventual desconhecimento da norma. Uma pessoa, mesmo conhecendo bem a norma, pode ter grande dificuldade em compreender 'os valores inerentes à norma' ou pode encontrar-se em condições concretas que não lhe permitem agir de maneira diferente e tomar outras decisões sem uma nova culpa".

AL 303: "Esta consciência pode reconhecer não só que uma situação não corresponde objetivamente à proposta geral do Evangelho, mas reconhecer também, com sinceridade e honestidade, aquilo que, por agora, é a resposta generosa que se pode oferecer a Deus e descobrir com certa segurança moral que esta é a doação que o próprio Deus está a pedir no meio da complexidade concreta dos limites, embora não seja ainda plenamente o ideal objetivo. "

AL 304: "Peço encarecidamente que nos lembremos sempre de algo que ensina São Tomás de Aquino e aprendamos a assimilá-lo no discernimento pastoral: 'Embora nos princípios gerais tenhamos o caráter necessário, todavia à medida que se abordam os casos particulares, aumenta a indeterminação [...]. No âmbito da ação, a verdade ou a retidão prática não são iguais em todas as aplicações particulares, mas apenas nos princípios gerais; e, naqueles onde a retidão é idêntica nas próprias ações, esta não é igualmente conhecida por todos.

[...] Quanto mais se desce ao particular, tanto mais aumenta a indeterminação'. É verdade que as normas gerais apresentam um bem que nunca se deve ignorar nem transcurar, mas, na sua formulação, não podem abarcar absolutamente todas as situações particulares".

AL 305: "Por causa dos condicionalismos ou dos fatores atenuantes, é possível que uma pessoa, no meio duma situação objetiva de pecado — mas subjetivamente não seja culpável ou não o seja plenamente — possa viver em graça de Deus, possa amar e possa também crescer na vida de graça e de caridade, recebendo para isso a ajuda da Igreja. [Nota 351: Em certos casos, poderia ser também a ajuda dos sacramentos. Por isso, 'lembro aos sacerdotes que o confessionário não deve ser uma sala de torturas, mas o lugar da misericórdia do Senhor'. Igualmente destaco que a Eucaristia 'não é um prêmio para os perfeitos, mas um generoso remédio e um alimento para os fracos']".

AL 308: "Compreendo aqueles que preferem uma pastoral mais rígida, que não dê lugar a confusão alguma; mas creio sinceramente que Jesus Cristo quer uma Igreja atenta ao bem que o Espírito derrama no meio da fragilidade: uma Mãe que, ao mesmo tempo em que expressa claramente a sua doutrina objetiva, 'não renuncia ao bem possível, ainda que corra o risco de sujar-se com a lama da estrada'. "

AL 311: "O ensino da teologia moral não deveria deixar de assumir estas considerações".

Segundo esse documento, Sua Santidade interveio na composição da *Relatio post disceptationem* para o Sínodo Extraordinário sobre a Família. A *Relatio* propôs permitir a Comunhão aos católicos divorciados recasados com base num discernimento "caso por caso", e disse que os pastores deveriam enfatizar os "aspectos positivos" dos estilos de vida considerados gravemente pecaminosos pela Igreja, inclusive o novo casamento civil depois do divórcio e a coabitação pré-matrimonial. Essas propostas foram incluídas na *Relatio* ante sua insistência pessoal, apesar de não terem recebido a maioria de dois terços, requerida pelas regras do Sínodo para que uma proposta fosse incluída na *Relatio.* (*Ibidem*, p. 5)

Em uma entrevista de abril de 2016, um jornalista perguntou a Sua Santidade se existem possibilidades concretas para os divorciados recasados que não existiam antes da publicação de *Amoris Laetitia*. Sua Santidade respondeu: "*Io posso dire, sì. Punto*". Ou seja: "Posso dizer que sim. Ponto". Em seguida Sua Santidade afirmou que a pergunta do repórter estava respondida pela apresentação feita pelo Cardeal Schönborn sobre a *Amoris Laetitia*. Nessa apresentação o Cardeal Schönborn afirmou:

> Minha grande alegria diante deste documento reside no fato de que, coerentemente, supera a artificial, externa e clara divisão entre "regular" e "irregular" e coloca todos sob a instância comum do Evangelho, seguindo as palavras de São Paulo: "Pois Deus encerrou a todos na rebeldia para com todos usar de misericórdia" (Rm 11, 32). [...] o que o Papa diz sobre o acesso aos sacramentos das pessoas que vivem em situações "irregulares"? Já o Papa Bento disse que não existem "receitas simples" (AL 298, nota 333). E o Papa Francisco recorda a necessidade de discernir bem as situações, seguindo a linha da ***Familiaris Consortio*** (n. 84) de São João Paulo II (AL 298). "O discernimento deve ajudar a encontrar os caminhos possíveis de resposta a Deus e de crescimento no meio dos limites. Por pensar que tudo seja branco ou preto, às vezes fechamos o caminho da graça e do crescimento e desencorajamos percursos de santificação que dão glória a Deus" (AL 305). [29].

O Papa Francisco nos recorda uma frase importante escrita na *Evangelii Gaudium* n. 44: "um pequeno passo, no meio de grandes limitações humanas, pode ser mais agradável a Deus do que a vida externamente correta de quem transcorre os seus dias sem enfrentar sérias dificuldades" (AL 305). No sentido desta via caritatis (AL 306), o Papa afirma, de maneira humilde e simples, em uma nota (351), que se pode dar também a ajuda dos sacramentos "em certos casos" (*Idem*).

Sua Santidade ampliou esta afirmação ao asseverar que a *Amoris Laetitia* apoia o tratamento dado aos divorciados recasados na diocese do Cardeal Schönborn, onde lhes é permitido receber a comunhão (*Ibidem*, p.6).

---

29. www.correctiofilialis.org

Em 5 de setembro de 2016, os bispos da região de Buenos Aires emitiram uma declaração sobre a aplicação de *Amoris Laetitia*, na qual afirmaram:

> Em outras circunstâncias mais complexas, e quando não se pode obter uma declaração de nulidade, a opção mencionada pode, de fato, não ser factível. Não obstante, também é possível um caminho de discernimento. Caso se chegue a reconhecer que em um caso concreto há limitações que atenuam a responsabilidade e a culpabilidade (cf. 301-302), especialmente quando uma pessoa considere que cairia em uma posterior falta, prejudicando os filhos da nova união, *Amoris Laetitia* abre a possibilidade do acesso aos sacramentos da Reconciliação e da Eucaristia (cf. notas 336 e 351). Por sua vez, estes dispõem a pessoa a seguir amadurecendo e crescendo com a força da graça. [...][30]

Pode ser conveniente que um eventual acesso aos sacramentos seja realizado de maneira reservada, sobretudo quando se prevejam situações conflitivas. Mas, ao mesmo tempo, não se deve deixar de acompanhar a comunidade para que cresça em um espírito de compreensão e de acolhida, sem que isso implique criar confusões ao ensino da Igreja sobre o matrimônio indissolúvel. A comunidade é instrumento da misericórdia que é "imerecida, incondicional e gratuita" (AL 297) (*Idem*).

O discernimento não se encerra, porque "é dinâmico e deve permanecer sempre aberto a novas etapas de crescimento e a novas decisões que permitam realizar o ideal de maneira mais plena" (AL 303), segundo a "lei da gradualidade" (AL 295) e confiando na ajuda da graça. (*Ibidem*).

30. http://www.ihu.unisinos.br/78-noticias/559972 bispos da região de Buenos Aires das orientações com o aval do papa sobre os divorciados em nova união.

A lei em referência assevera que, de acordo com *Amoris Laetitia*, deve evitar-se qualquer confusão sobre o ensinamento da Igreja a respeito da indissolubilidade do matrimônio, que o divorciado recasado pode receber os sacramentos, e que persistir nesse estado é compatível com receber a ajuda da graça. Sua Santidade escreveu uma carta oficial com data desse mesmo dia ao bispo Sergio Alfredo Fenoy, da diocese de San Miguel, delegado dos bispos argentinos da região de Buenos Aires, afirmando que os bispos dessa região haviam dado a única interpretação possível de *Amoris Laetitia*: Querido Irmão, recebi a nota da Região Pastoral Buenos Aires: "Critérios básicos para a aplicação do capítulo VIII da *Amoris Laetitia*". Muito obrigado por a ter me enviado e os parabenizo pelo trabalho que fizeram: um verdadeiro exemplo de acompanhamento aos sacerdotes... e todos sabemos o quanto é preciso esta proximidade do bispo com seu clero e do clero com o bispo. O próximo "mais próximo" do bispo é o sacerdote, e o mandamento de amar ao próximo como a si mesmo, para nós bispos, começa precisamente com os nossos padres. (*Idem*).

Sua Santidade nomeou o arcebispo Vicenzo Paglia como presidente da Pontifícia Academia para a Vida e grão-chanceler do Pontifício Instituto João Paulo II para Estudos sobre o Matrimônio e a Família. Como chefe do Pontifício Conselho para a Família, o arcebispo Paglia foi responsável pela publicação de um livro — *Famiglia e Chiesa, um legame indissolubile* (Libreria Editrice Vaticana, 2015) — que contém as lições ditadas em três seminários promovidos por este dicastério sobre os tópicos 'Matrimônio: fé, sacramento, disciplina'; 'Família, amor conjugal e geração'; e 'A família ferida e as uniões irregulares: qual atitude pastoral'. Este livro e os seminários que descreve tiveram o objetivo de fazer propostas para o Sínodo sobre a Família e promover a concessão da comunhão a católicos divorciados recasados. (*Idem*).

Sob a autoridade de Sua Santidade, foram publicadas diretrizes para a Diocese de Roma, relativas à recepção da Eucaristia debaixo de certas circunstâncias por parte de católicos divorciados e civilmente recasados que vivem more uxório (união estável) com seu parceiro civil. (*Ibidem*).

Sua Santidade nomeou o bispo Kevin Farrell como prefeito do novo Dicastério para os Leigos, a Família e a Vida, e o promoveu ao cardinalato. O cardeal Farrell expressou seu apoio à proposta do cardeal Schönborn segundo a qual os divorciados recasados deveriam receber a comunhão. Ele afirmou que a recepção da comunhão pelos divorciados recasados é um "processo de discernimento e de consciência".[31] (*Idem*).

Em 17 de janeiro de 2017, o *Osservatore Romano*, jornal oficial da Santa Sé, publicou as diretrizes exaradas pelo arcebispo de Malta e pelo bispo de Gozo para a recepção da Eucaristia por parte de pessoas que vivem em uma relação adúltera. Essas diretrizes permitem que algumas pessoas nessa situação recebam, de modo sacrílego, a Eucaristia e afirmam que, em alguns casos, é impossível a tais pessoas praticarem a castidade e que é danoso a elas tentar praticar a castidade. Essas diretrizes não foram objeto de nenhuma crítica do *Osservatore Romano*, que as apresentou como exercícios legítimos do ensinamento e da autoridade episcopais. Esta publicação foi um ato oficial da Santa Sé que não foi corrigido por Sua Santidade. (*Ibidem*).

Perante o que foi mencionado acima, vê-se que alguns cardeais com um acervo de proposições contrárias ao Papa Francisco, nesse documento *correctio filialis*, o qual não menciona os seus nomes, trata-se de que uma questão muito séria a respeito da *Amoris Laetitia*, interpretando errônea, equivocadamente o Papa Francisco.

Na verdade, o intuito da Exortação *Amoris Laetitia* consiste em infundir uma esperança aos casais em segunda união não em se tratando da admissão dos sacramentos, mas incentivando-os a seguir em frente, procurando acolhê-los, desenvolvendo neles o discernindo para integrá-los à comunidade e, inseri-los nas pastorais e nos movimentos, uma vez que eles também estão presentes na Igreja e fazem parte da evangelização dessa mesma Igreja. A dou-

31. https://www.ncronline.org/news/vatican/new-cardinal-farrell-amoris-laetitia-holy-spirit-speaking.

trina é sempre a mesma, mas dispõe de aspectos que se renovam. Vamos mobilizar todas as inteligências para dispor de respostas segundo o Cardeal Lorenzo Baldisseri.

2.3. A acolhida dos casais em segunda união enquanto orientação central da encíclica

Na síntese do resumo distribuído pelo Gabinete de Imprensa da Santa Sé, "o capítulo oitavo constitui um convite à misericórdia e ao discernimento pastoral, diante das situações que não respondem plenamente àquilo que o Senhor propõe. O Papa utiliza três verbos muito importantes: acompanhar, discernir e integrar, que são fundamentais para o enfrentamento de situações de fragilidade, complexas ou irregulares. Do mesmo modo, o Papa apresenta a necessária gradação da pastoral, destacando a importância do discernimento, as normas e as circunstâncias atenuantes do discernimento pastoral e, finalmente, aquela que ele define como a "lógica da misericórdia pastoral".

Essa síntese nos mostra que o capítulo oitavo é muito delicado. Ao lê-lo, deve-se recordar que "frequentemente, a tarefa da Igreja assemelha-se à de um hospital de campanha" (AL 291). Nesta parte, o Pontífice recolhe os frutos das reflexões do Sínodo sobre temáticas controversas. Recorda o que é o matrimônio cristão e acrescenta que "outras formas de união contradizem radicalmente esse ideal, mas algumas realizam-no ao menos de modo parcial e análogo". A Igreja, portanto, "não deixa de valorizar os elementos construtivos naquelas situações que não correspondem ainda, ou já não correspondem aos seus ensinamentos sobre o matrimónio" (AL 292).

Sobre o "discernimento" acerca das situações "irregulares", o Papa observa que "há que evitar os juízos que não têm em conta a complexidade das diversas situações e é necessário estar atento ao modo como as pessoas vivem e sofrem por causa da sua condição" (AL 296). E escreve: "Trata-se de integrar a todos, deve ajudar-se cada um a encontrar a sua própria maneira de participar na comunidade eclesial, para que se sinta objeto de uma misericórdia imerecida, incondicional e gratuita" (AL 297). No entanto, "os divorciados em nova união, por exemplo, podem encontrar-se em situações muito diferentes, que não têm que ser catalogadas ou encerradas em afirmações demasiado rígidas sem deixar lugar a um adequado discernimento pessoal e pastoral" (AL 298).

Azpitarte López (p. 2006, 367) diz que "muitos casais fracassam de fato por causa de infidelidades pessoais, erros e equívocos prévios, ou simplesmente por causa de uma série de condicionamentos que impedem de prosseguir a convivência, apesar inclusive de boa vontade e esforços feitos. A própria Igreja admite que 'deve-se considerar a separação como remédio extremo, depois de ter sido inútil toda tentativa razoável' (FC 83).

O Cardeal Coccopalmerio (2017, p. 11), ao se referir ao olhar da Igreja, dos pastores e dos fiéis, relativo às uniões irregulares, particularmente dos matrimônios civis e das uniões somente de fato, menciona três números da *Amoris Laetitia*: 293, 294 e 297. Vejamos o que diz o conteúdo desses números:

> "Os Padres consideraram também a situação particular de um matrimônio apenas civil ou mesmo, ressalvadas as distâncias, da mera convivência: 'quando a união atinge uma notável estabilidade através de um vínculo público e se caracteriza por um afeto profundo, responsabilidade para com a prole, capacidade de superar as provas, pode ser vista como uma ocasião a acompanhar na sua evolução para o sacramento do matrimônio' (Relatio Synodi 2014, n. 27. (...) Com efeito, aos pastores compete não só a promoção do matrimônio cristão, mas também 'o discernimento pastoral das situações de muitas pessoas que deixaram de viver esta realidade', para 'entrar em diálogo pastoral com elas a fim de evidenciar os elementos da sua vida que possam levar a uma maior abertura ao Evangelho do matrimônio na

sua plenitude' (Relatio Synodi 2014, n. 41). No discernimento pastoral, convém 'identificar elementos que possam favorecer a evangelização e o crescimento humano e espiritual" (AL 293). A escolha do matrimônio civil ou, em diversos casos, da simples convivência, muitas vezes é motivada não por preconceitos nem por resistências no que se refere à união sacramental, mas por situações culturais ou ocasionais"' (Relatio Finalis 2015, n. 71). Nestas situações, poderão ser valorizados os sinais de amor que refletem de algum modo o amor de Deus. Sabemos que 'está em contínuo crescimento (...) 'a simples convivência por causa da mentalidade geral contrária às instituições e aos compromissos definitivos, mas também porque se espera adquirir maior segurança existencial (emprego e salário fixo). Em outros países, por último, as uniões de fato são muito numerosas, não só pela rejeição dos valores da família e do matrimônio, mas sobretudo pelo fato de a cerimônia do casamento ser sentida como um luxo, pelas condições sociais, de modo que a miséria material impele a viver uniões de fato' (Relatio Synodi 2014, n. 42). Mas 'é preciso enfrentar todas as situações de forma construtiva, procurando transformá-las em oportunidades de caminho para a plenitude do matrimônio e da família à luz do Evangelho. Trata-se de acolhê-las e acompanha-las com paciência e delicadeza' (Relatio Synodi, 2014, n. 43). Foi o que Jesus fez com a samaritana na (Jo 4,1-26): dirigiu uma palavra ao seu desejo de amor verdadeiro, para libertar de tudo o que obscurecia a sua vida e guia-la para a alegria plena do Evangelho" (AL 294). "Quanto ao modo de tratar as várias situações chamadas 'irregulares', os Padres sinodais

> chegaram a um consenso geral que eu sustento: 'Na abordagem pastoral das pessoas que contraíram matrimônio civil, que são divorciadas novamente casadas, ou que simplesmente convivem, compete à Igreja revelar-lhes a pedagogia divina da graça nas suas vidas e ajudá-las a alcançar a plenitude do desígnio que Deus tem para elas' (Relatio Synodi 2014, n.25).

Acolhendo as observações de muitos padres sinodais, o Papa afirma que "os batizados que tenham se divorciado e voltaram a casar-se civilmente devem integrar-se na comunidade cristã nas diversas formas possíveis, evitando qualquer ocasião de escândalo". "A sua participação pode expressar-se em diferentes serviços eclesiais [...]. Eles não só não têm que se sentir excomungados, mas podem viver e amadurecer como membros vivos da Igreja [...]. Esta integração é também necessária para o cuidado e a educação cristã dos seus filhos, que devem ser considerados os mais importantes" (AL 299).

Em geral, o Papa apresenta uma afirmação extremamente importante para se compreender a orientação e o sentido da exortação: "Se se tem em conta a inumerável diversidade de situações concretas [...] pode compreender que não deveria esperar-se do Sínodo, ou desta exortação, um novo normativo geral de tipo canônico, aplicável a todos os casos. Um novo alento para um responsável discernimento pessoal e pastoral dos casos particulares, reconhecer que, posto que "o grau de responsabilidade não é igual em todos os casos", as consequências ou efeitos de uma norma não devem ser necessariamente sempre os mesmos" (AL 300). O Papa destaca, de modo profundo, as exigências e as características do caminho de acompanhamento e de discernimento, em diálogo profundo entre fiéis e pastores. Para esse fim, pede a reflexão da Igreja "sobre os condicionamentos e circunstâncias atenuantes" no que se refere à imputabilidade e à responsabilidade das ações e, apoiando-se em São Tomás de Aquino, detém-se sobre a relação entre "as normas e o discernimento" afirmando: "É verdade que as normas gerais apresentam um bem que nunca se deve desatender nem descuidar, mas, na sua formulação, não podem abarcar absolutamente todas as situações particulares. Ao mesmo tempo, há que dizer que, precisamente por essa razão, aquilo que faz parte de um discernimento prático diante de uma situação particular, não pode ser elevado à categoria de uma norma" (AL 304).

Na última secção do capítulo, "A lógica da misericórdia pastoral", o Papa Francisco, para evitar equívocos, reafirma com vigor: "Compreender as situações excepcionais nunca implica ocultar a luz do ideal mais pleno nem propor menos do que o que Jesus oferece ao ser humano. Hoje, mais importante do que uma pastoral dos fracassos é o esforço pastoral para consolidar os matrimónios e assim prevenir as rupturas" (AL 307).

Mas o sentido geral do capítulo e do espírito que o Papa se preocupa em imprimir à pastoral da Igreja está bem resumido nas palavras finais: "Convido os fiéis que estão a viver situações complexas, a aproximarem-se com confiança, a conversar com os seus pastores ou com leigos que vivem entregues ao Senhor. Nem sempre encontrarão neles uma confirmação das suas próprias ideias ou desejos, mas receberão seguramente uma luz que lhes permita compreender melhor o que lhes acontece e poderão descobrir um caminho de amadurecimento pessoal. E convido os pastores a escutar com afeto e serenidade, com o desejo sincero de entrar no coração do drama das pessoas e de compreender o seu ponto de vista, para ajudá-los a viver melhor e a reconhecer o seu próprio lugar na Igreja" (AL 312). Sobre a "lógica da misericórdia pastoral" o Papa Francisco afirma, com vigor: "Por vezes, custa-nos muito dar lugar na pastoral ao amor incondicional de Deus. Pomos tantas condições à misericórdia que a esvaziamos de sentido concreto e de significado real, e essa é a pior maneira de diluir o Evangelho" (AL 311).[32]

Scampini fala-nos de caminhos para uma nova pastoral, um

32. Fonte: http://opusdei.pt/pt-pt/article/publicada-exortacao-apostolica-amoris-laetitia.

deles é o caminho da misericórdia: "sem dúvida, o grande caminho é a misericórdia divina, fundamento teológico da atitude de abertura da Igreja para com os casais em segunda união. A Divina Misericórdia, sendo infinita, nunca poderá ser medida por parâmetros humanos" (SCAMPINI, p. 49).[33]

Diz-nos que "essa pastoral deve ter como ponto de partida a iniciativa de Deus. Na parábola do filho pródigo, é o pai que toma a iniciativa de ver por primeiro o filho que volta, e não é a iniciativa do filho de ver o pai que o espera. Nesse sentido, se a pastoral da misericórdia é de origem divina, não pode haver outra pastoral diferente" (SCAMPINI, p. 49).

Outro caminho, proposto por SCAMPINI, é o caminho penitencial. Segundo ele "o caminho de penitência, esperança de salvação (FC 84), é a consequência direta da misericórdia divina que muito conforta e reanima os casais em segunda união" (SCAMPINI, p. 50). Nesse caminho, "a Igreja os convida a fazer um caminho de penitência, que poderá levá-los à meta final: a salvação. O Sínodo sobre a Família de 1981 e a *Familiaris Consortio* (n. 84) os exorta a 'cultivarem o espírito e as obras de penitência', que são: a) comungarem com a Palavra de Deus, b) participarem da vida de oração da Igreja e da celebração do sacrifício da Missa, c) incrementarem a participação às iniciativas da comunidade em favor da caridade e da justiça, d) serem portadores do evangelho aos filhos e, assim, implorarem dia a dia a graça de Deus. No final desse mesmo número da FC 84, 'a graça de Deus', maravilha da misericórdia divina', é algo de extremamente animador e consolador para os casais em segunda união coincidindo com a 'graça da conversão e da salvação' (SCAMPINI, p. 50)

Em outra exortação, na *Reconciliatio et Poenitentia* de 1984, o Papa João Paulo II convida os fiéis, neste caso os divorciados recasados civilmente, a se "aproximarem da misericórdia por outros caminhos, não, porém, pelo caminho dos sacramentos

---

33. SCAMPINI, Luciano. Casais em segunda união: uma pastoral de esperança misericordiosa. Aparecida, SP: Santuário, 1999. (Coleção Vida a dois, 12).

da penitência e da Eucaristia" (RP, 34). Mas, segundo o Sucessor de Pedro, os caminhos e o momento da reconciliação – que somente a Divina Providência conhece – serão preparados e sustentados por atos de piedade não sacramentais, ou seja, pelo esforço sincero de manter-se em contato com o Senhor, pela participação à santa missa, pela repetição de atos de fé, de esperança, de caridade e de contrição, no modo mais perfeito possível (cf. *Familiaris Consortio* n.81, e *Reconciliatio et Poenitentia* n.34) (SCAMPINI, p. 51).

Contudo, "a prática pastoral e a experiência nas comunidades paroquiais indicam e demonstram que o lugar mais propício para os casais exercerem a sua missão evangelizadora é através da Pastoral Familiar e em conjunto com essa Pastoral, toda uma organização e meios próprios para testemunhar, auxiliar, defender e promover a vida familiar" (PORRECA, p. 154).

Nessa pastoral, os casais católicos em segunda união, que experimentam a misericórdia de Deus e compreenderam e acolheram o princípio da verdade sobre a família, são impelidos a gestos de gratidão e testemunho cristão para outros casais que vivem essa mesma realidade, ou outras, ajudando-os a exercerem a experiência da misericórdia e da verdade. Longe de ser uma pastoral de segunda categoria, ou de sentimentalismo, de simples compaixão, tampouco de rigidez e legalismo, deve procurar realizar aquilo que o próprio nome expressa: pastorear, congregar, orientar, cuidar, zelar, corrigir, animar. Uma pastoral que, diferentemente de todas as outras, não tem o objetivo de aumentar o número de seus membros (PORRECA, p. 155).

Ainda, segundo PORRECA, p. 155, "através da Pastoral Familiar, os casais católicos em segunda união poderão dar uma valiosa contribuição no setor pré-matrimonial, através do testemunho de suas experiências de vida, instruindo e alertando os namorados e noivos para se prepararem mais e melhor, com seriedade e maturidade, para o Matrimônio, na educação para o amor".

O Diretório da Pastoral Familiar solicita aos membros da Igreja um cuidado pastoral adequado a cada uma das situações em que se encontram os casais católicos em segunda união, oferecendo-lhes uma atenção peculiar e personalizada, levando em conta, prudentemente, as diferentes circunstâncias e procurando oferecer-lhes canais de participação na vida da Igreja, como, por exemplo: incorporando-os à oração comunitária e sustentando-os na perseverança da fé por meio da oração pessoal e familiar; motivando-os a cultivar a devoção para com a Eucaristia, mediante visitas ao Santíssimo Sacramento e a "comunhão espiritual", quando retamente entendida; estimulando-os e exortando-os a participarem da missa dominical, animando-os a escutarem e meditarem a Palavra de Deus e a fazerem atos de penitência; convidando-os a tomarem parte nas práticas de caridade e nas promoções sociais da Igreja, a fim de proporcionar meios para que aumentem a fé e a esperança (n. 395), (PORRECA, p. 157-158); o testemunho à Igreja, pelos acontecimentos de suas vidas, da necessidade de combater o mal da separação e do divórcio em suas causas, com a preparação adequada dos candidatos ao matrimônio, e da urgência do acompanhamento de perto dos novos casais sacramentados; a perseverança na prática concreta da conjugalidade e da espiritualidade familiar na vida dos casais, tanto de primeira como de segunda união; a inserção dos casais em segunda união na vida da Igreja e na comunidade paroquial; o anúncio e a exaltação das "maravilhas de Deus", realizadas em favor de todos os casais que constituem a "história divina da salvação" (BOSCO OLVEIRA; FONSECA OLIVEIRA, p. 82).

Todos esses caminhos, apresentados em decorrência a Pastoral dos casais católicos em segunda união, oferecem uma magnífica oportunidade de se deixar patente o acolhimento, não tendo como finalidade o aumento do número desses casais no seio da Igreja. Evidentemente, um dos objetivos da pastoral deve ser justamente o acolhimento dos casais em idêntica situação na comunidade eclesial, nas vias exortação apostólica *Amoris Laetitia*; contudo, deve-se acentuar a grande valorização ao Sacramento do Matrimônio, procurando os casais a colaborarem com o testemunho de suas vidas para que não ocorram novas separações ou divórcios de casais unidos por esse sacramento.

Outro procedimento é o papel da hierarquia, notadamente dos presbíteros e diáconos, mais próximos dos fiéis, quanto ao dever evangélico de incentivar a comunidade eclesial ao gesto concreto do acolhimento dos casais católicos em segunda união no seio da Igreja paroquial e da procura do seu encaminhamento aos meios de salvação que lhes são oferecidos, particularmente em uma pastoral própria e adequada (*ibidem*, p. 70).

3

A FIGURA DO PRESBÍTERO NA CONSTRUÇÃO DE RELAÇÕES PASTORAIS COM CASAIS DE SEGUNDA UNIÃO

Nesta seção, trataremos da figura do presbítero como sinônimo de relação para com os casais em segunda união, uma vez que ele deve ser a imagem do Bom Pastor que acolhe a ovelha dispersa do seu aprisco. Assim, como nos diz o Cardeal Dom Vincenzo Paglia: "A Igreja tem a mesma tarefa de um pastor, ou seja, a de liderar seu rebanho para pastos mais verdes. Ela discerne e depois integra, acompanhando"[34]. Veremos a necessidade da contribuição que o padre deve oferecer como orientador pastoral para os casais que vivem em segunda união; o cuidado que se deve ter para com esses casais; e a comunidade, como centro de acolhimento. Isso remete-nos à preciosa figura do pastor para com o rebanho que lhe é confiado.

No penúltimo capítulo da Exortação Apostólica *Amoris Laetitia*, o Papa Francisco chama a atenção para a pista de solução com três verbos: acompanhar, discernir e integrar, já mencionado no capítulo anterior. Na verdade, todo o texto delineia um novo eixo da vida pastoral da Igreja, que o papa inscreve no horizonte da misericórdia, na esteira da *Evangelii Gaudium*: uma Igreja dedicada a acompanhar e a complementar a todos, sem exceção. O

34. REVISTA FAMÍLIA E VIDA. Revista da Comissão Nacional da Pastoral Familiar – CNPF. Ano 26. Nº 110. Out. /Dez. 2017.

discernimento deve descobrir, onde quer que estejam presentes esses casais, os "sinais do amor que de alguma forma refletem o amor de Deus" (AL 294) para "integrar a todos" (AL 297). Cada pessoa tem de encontrar um lugar na Igreja para crescer até atingir a plena incorporação em Cristo. E "ninguém pode ser condenado para sempre" (AL 297).

Por isso, utilizaremos esses três verbos (acompanhar, discernir e integrar) como fatores primordiais que delinearão este capítulo do trabalho, demonstrando verdadeiramente a missão do presbítero como fio condutor para o eixo pastoral na comunidade paroquial.

3.1. O presbítero como orientador pastoral para com os casais que vivem em segunda união

No mundo contemporâneo, urge a necessidade de uma evangelização voltada para a pessoa humana. Ela (pessoa humana) tem a necessidade de ser acolhida, de ser respeitada, de ser amada. Segundo a Instrução *O presbítero: pastor e guia da comunidade paroquial*, p. 82, sobre a evangelização nos dias de hoje:

> A evangelização do mundo contemporâneo será realizada somente a partir da redescoberta da identidade pessoal, social e cultural dos cristãos. Isso significa sobretudo a redescoberta de Jesus Cristo, Verbo encarnado, único Salvador dos homens! Dessa convicção emana a exigência da missão que urge no coração de cada presbítero de modo todo especial e que, por ele, deve caracterizar toda a paróquia e comunidade por ele guiada pastoralmente. [...] "Para edificar a todos na caridade, será necessário variar os modos com os quais tocar os corações, não a doutrina. Será, portanto, uma pastoral de adaptação modal, não de adaptação doutrinal (São Gregório Magno, Regra Pastoral, Introdução à terceira parte). "

Desse modo, o presbítero é uma figura importante, em se tratando de questão pastoral para com os casais que vivem em segunda união, uma vez que ele é o arquétipo do Bom Pastor que acolhe as ovelhas, principalmente aquelas dispersas do seu rebanho. Sabe os que fazem parte de seu redil. E os casais em segunda união são aqueles que extraviaram do caminho e precisam voltar para casa. Não se propuseram a fazer a vontade do pastor. São aqueles que ficaram para trás. Estão feridos e precisam de cuidados. É mister que haja uma acolhida do presbítero para com eles, pois ele (o presbítero) é parte integrante da vida da paróquia. Veremos o que nos diz a BÍBLIA DE NAVARRA, p. 1272 a respeito da figura do presbítero:

> "Recordem-se estes de que o seu ministério sacerdotal (...) está – de modo particular – ordenado para a grande solicitude do Bom Pastor, que é a solicitude pela salvação de todos os homens. E todos devemos recordar bem isto: que não é lícito a nenhum de nós merecer-se o nome de 'mercenário', ou seja, de alguém 'a quem as ovelhas não pertencem', de alguém que 'ao ver o lobo, abandona as ovelhas e foge; e assim o lobo as arrebata e dispersa; porque é mercenário, não se preocupa em nada com as ovelhas. A solicitude de todo o bom Pastor é por que os homens 'tenham a vida, e a tenham em abundância', a fim de que nenhum deles se perca, mas a tenham a vida eterna. Façamos com que uma tal solicitude penetre profundamente nas nossa*s almas: procuremos vivê-la. Que ela caracterize a nossa personalidade esteja sempre na base da nossa identidade sacerdotal" [35]

35. BÍBLIA SAGRADA. Santos Evangelhos. Trad. portuguesa das Introduções e notas de comentário de José A. Marques com colaboração de Augusto Ascenso Pascoal e Pio Gonçalo Alves de Sousa. Vol. 1 Braga: Theologica, 1985.

O presbítero é a chave de todo o acompanhamento dos casais que vivem em segunda união e que precisam de orientação para seguir em frente, buscando um novo sentido para suas vidas. Eles estão vivendo uma nova etapa de suas vidas. E o presbítero deve orientá-los de maneira para que não se sintam desgarrados na comunidade paroquial, sabendo do seu desempenho em meio aos demais movimentos e pastorais, pois o "pastor conhece suas ovelhas" (Jo 10,14).

A Exortação Apostólica *Pastores Dabo Vobis* n. 22, p. 58-59, do Papa João Paulo II, remete-nos à figura do presbítero como imagem viva de Jesus Cristo, Esposo da Igreja. Desse modo, o presbítero é chamado a ser no mundo sinal de amor à Igreja e ao rebanho a ele confiado. Vejamos:

> [...] O presbítero é chamado a ser imagem viva de Jesus Cristo, Esposo da Igreja: sem dúvida, ele permanece sempre parte da comunidade como crente, juntamente com todos os outros irmãos e irmãs convocados pelo Espírito, mas por força da sua incorporação a Cristo Cabeça e Pastor, encontra-se na referida posição de esposo perante a comunidade. 'Enquanto representa a Cristo Cabeça, Pastor e Esposo da Igreja, o presbítero coloca-se não só na Igreja, mas perante a Igreja'. Portanto, ele é chamado, na sua vida espiritual, a reviver o amor de Cristo Esposo em sua relação com a Igreja Esposa. A sua vida deve iluminar-se e orientar-se também por este tratamento nupcial que exige dele ser testemunha do amor nupcial de Cristo, ser, por conseguinte, capaz de amar a gente com um coração novo, grande e puro, com um autêntico esquecimento de si mesmo, com dedicação plena, contínua e fiel, juntamente com uma espécie de 'ciúme' divino (cf. 2Cor 11,2), com uma ternura que reveste inclusivamente os

> matizes do afeto materno, capaz de assumir as 'dores de parto' até que 'Cristo seja formado' nos fiéis (cf. Gl 4,19).[36]

Cifuentes, apud Bento XVI, diz o seguinte: "Cristo é o verdadeiro Bom Pastor que deu a vida pelas suas ovelhas, por nós, imolando-se na Cruz. Ele conhece as suas ovelhas e as suas ovelhas conhecem-no, como o Pai o conhece a Ele e Ele ao Pai (cf. Jo 10,14-15). Não se trata de mero conhecimento intelectual, mas de uma relação pessoal profunda; um conhecimento do coração, próprio de quem ama e de quem é amado; de quem é fiel e de quem sabe que, por sua vez, pode confiar; um conhecimento de amor em virtude do qual o Pastor convida os seus a segui-lo e que se manifesta plenamente no dom que lhes faz da vida eterna (cf. Jo 10, 27-28)". (Homilia do Papa Bento XVI durante a concelebração Eucarística para a Ordenação de 22 Sacerdotes no Domingo do Bom Pastor. Domingo, 29 de abril de 2007)[37]

O pastor deve conhecer o seu rebanho. Saber das suas necessidades. Assim, o presbítero tem o dever de acompanhar aqueles que se encontram dispersos do caminho do Senhor, pois ele os conhece e sabe do que precisam. Vejamos o que o Decreto *Christus Dominus*, n.1099, p. 425, diz-nos sobre o múnus de pastor:

> [...] Sendo ministros de todas as ovelhas, fomentem o progresso da vida cristã, seja em cada um dos fiéis, seja nas famílias, seja nas associações, principalmente nas que se dedicam ao apostolado, seja na comunidade paroquial inteira. Visitem, portanto, as casas e as escolas, conforme o exigir o dever pastoral; cuidem diligentemente

36. JOÃO PAULO II. Exortação Apostólica Pós-Sinodal Pastores Dabo Vobis: sobre a formação dos sacerdotes. 8ª ed. São Paulo: Paulinas, 2009.

37. LLANOS CIFUENTES, Rafael. Sacerdotes para o terceiro milênio. Aparecida, SP: Santuário, 2009.

> dos adolescentes e jovens; procurem com paterna caridade os pobres e enfermos; tenham enfim um cuidado todo particular pelos operários e esforcem-se por que os fiéis prestem seu auxílio às obras de apostolado.[38]

O presbítero tem a função de orientar o seu rebanho no âmago da sua paróquia. Ele deve fazer que os casais em segunda união descubram que não estão sozinhos, que são filhos e precisam voltar para a casa do Pai (Lc 15, 1ss). O Vaticano II, no Decreto *Presbyterorum Ordinis* n.1156, p. 450, diz-nos o seguinte, a respeito de conduzir o seu povo, como exemplo do Senhor:

> [...] Ao edificarem a Igreja, os Presbíteros hão de conduzir-se com todos na mais nobre humanidade, a exemplo do Senhor. Hão de trata-los não segundo o agrado dos homens, mas segundo as exigências da doutrina e vida cristã, ensinando--os e admoestando-os como filhos os mais caros (1 Cor, 4,14), segundo as palavras do Apóstolo: "Insiste de forma oportuna e importante, refuta, ameaça, exorta com paciência inesgotável e preocupação de instruir (2Tm 4,2)"[39]

O mesmo decreto nos diz ainda que "o múnus de Pastor não se reduz, porém, ao cuidado individual aos fiéis, abarca, também, como tarefa própria, a formação de uma autêntica comunidade cristã. Para desenvolver, porém, devidamente, o espírito de comunidade, há de ele atingir não a Igreja local, mas também toda a Igreja em âmbito universal. Assim, a comunidade local

---

38. COMPÊNDIO VATICANO II. Decreto Christus Dominus. Petrópolis: Vozes, 2000.

39. COMPÊNDIO VATICANO II. Decreto Presbyterorum Ordinis. Petrópolis: Vozes, 2000.

não primará apenas pela dedicação aos próprios fiéis, mas, imbuída de espírito missionário, há de preparar para todos os homens o caminho em direção a Cristo. De forma especial, recomendam-lhe, todavia, os catecúmenos e neófitos, que precisam ser educados, passo a passo, para a descoberta e a prática da vida cristã. (*Presbyterorum Ordinis* n. 1158).

Os casais que vivem em segunda união devem sentir-se pertencentes ao rebanho do Senhor, pois são filhos que um dia se desviaram do caminho, mas precisam retornar para a casa do Senhor e o pastor precisa orientá-los a seguir em frente, pois são pessoas criadas por Deus, à sua imagem. Segundo BENTO XVI, p. 243, as "ovelhas", faço menção aos casais de segunda união, "pertencem ao pastor, não como coisas – que este é o modo como delas procuram apropriar-se o salteador e o ladrão –, mas como pessoas criadas por Deus, à sua imagem. Precisamente esta é a diferença entre o proprietário, o verdadeiro pastor e o salteador: para o salteador, para os ideólogos e para os ditadores, os homens são apenas coisas que eles possuem. Para os verdadeiros pastores, porém, são livres para a verdade e para o amor; o pastor prova ser o seu proprietário precisamente porque os conhece e as ama, as quer na liberdade da verdade. Eles lhe pertencem por meio da unidade do 'conhecimento', na comunhão da verdade que ele mesmo é. Precisamente por isso é que ele não os usa, mas dá a sua vida por eles."[40]

Ser pastor significa apascentar o rebanho de Deus a ele confiado. Não deixar que salteadores o roubem, mas acolhê-los com amor e compaixão. O Papa Francisco, p. 69-73, diz-nos em pensamentos breves, como se deve apascentar e acolher aqueles que foram confiados ao rebanho do Senhor. Citarei dois pensamentos.

Primeiramente, deve-se acolher com magnanimidade, diz-nos o Papa: "Que o vosso coração seja tão grande, a ponto de saber acolher a todos os homens e mulheres que encontrardes ao longo dos vossos dias e que fordes procurar, pondo-vos a caminho nas vossas

---

40. RATZINGER, Joseph, Bento XVI. Jesus de Nazaré: do Batismo no Jordão à Transfiguração. Trad. José Jacinto Ferreira de Farias, SCJ. São Paulo: Planeta, 2007.

paróquias e em cada comunidade. Perguntai-vos desde já: aqueles que vierem bater à porta da minha casa, como a encontrarão? Se a encontrarem aberta, através da vossa bondade e disponibilidade, experimentarão a paternidade de Deus e compreenderão que a Igreja é uma boa mãe que acolhe e ama sempre".

Um segundo aspecto que o Papa propõe é o de caminhar com o rebanho. "Acolher com magnanimidade para caminhar com todos. O presbítero está a caminho com e no seu rebanho. Isso significa pôr-se a caminho com os próprios fiéis e com todos aqueles que vos procurarem, compartilhando suas alegrias e esperanças, dificuldades e sofrimentos, como irmãos e amigos, mas ainda mais como pais, capazes de ouvir, compreender, ajudar e orientar. Caminhar juntos exige amor, e o nosso serviço é de amor, *amoris officium*, dizia Santo Agostinho"[41]

O Documento de Aparecida n. 198 menciona-nos que o presbítero deve ter misericórdia e compaixão para com aqueles que são mais necessitados, incluindo aqui os casais que vivem em segunda união:

> O presbítero, à imagem do Bom Pastor, é chamado a ser homem de misericórdia e compaixão, próximo a seu povo e servidor de todos, particularmente dos que sofrem grandes necessidades. A caridade pastoral, fonte da espiritualidade sacerdotal, anima e unifica sua vida e ministério. Consciente de suas limitações, ele valoriza a pastoral orgânica e se insere com gosto em seu presbitério.

O presbítero, como imagem do Bom Pastor, sabendo das necessidades de seu rebanho, deve acompanhá-lo e orientá-lo a seguir o caminho da vida de acordo com suas limitações e preocupações. "Neste mundo, os ministros ordenados e os outros agentes de pas-

---

41. PAPA FRANCISCO. A Igreja da misericórdia: minha visão para a Igreja. São Paulo: Paralela, 2014.

toral podem tornar presente a flagrante presença solidária de Jesus e o seu olhar pessoal. A alegria deverá iniciar os seus membros – sacerdotes, religiosos e leigos – nesta 'arte do acompanhamento', para que todos aprendam a descalçar sempre as sandálias diante da terra sagrada do outro (cf. Ex 3,5). Devemos dar ao nosso caminhar o ritmo salutar da proximidade, com um olhar respeitoso e cheio de compaixão, mas que, ao mesmo tempo, cure, liberte e anime o amadurecer na vida cristã" (EG n. 169, p. 102-103).[42]

Além de pastor, o presbítero é chamado a ser pai. O pai é aquele que educa, orienta, dialoga, mostra o caminho seguir, conhece seus filhos, sabe de suas necessidades. A *Lumem Gentium* no n. 28 menciona como o presbítero deve cumprir esse dever de pai da comunidade, dando seu exemplo e testemunho, principalmente àqueles que estão dispersos:

> [...] Como pais em Cristo, cuidem dos fiéis, que eles espiritualmente geraram pelo Batismo e pela pregação (cf. 1 Cor 4,15; 1 Ped 5,23). De coração feitos modelos para o rebanho (cf. 1 Ped 5,3), presidam e sirvam de tal modo sua comunidade local, que esta dignamente possa ser chamada com aquele nome pelo qual só e todo o Povo de Deus é distinguido, a saber: Igreja de Deus (cf. 1 Cor 1,2; 2 Cor 1,1 e passim). Lembrem-se de que por sua conduta cotidiana e sua preocupação devem mostrar a imagem do ministério verdadeiramente sacerdotal e pastoral dos fiéis e infiéis, a católicos e não católicos. E a todos devem dar um testemunho de verdade e de vida. Como bons pastores procurem (cf. Lc 15,4-7) também os que, embora batizados na Igreja católica, se

---

42. PAPA FRANCISCO. Exortação Apostólica Evangelii Gaudium: A alegria do Evangelho sobre o anúncio do Evangelho no mundo atual. Documentos do Magistério. 2ª ed. São Paulo: Paulus, Loyola, 2014.

> afastaram da prática dos sacramentos, ou, pior, abandonaram a fé.[43]

Feitas essas proposições, resta ao pastor assumir o compromisso de acompanhar com delicadeza o rebanho a ele confiado. É de suma importância o acompanhamento pelo presbítero, mas, para isso, deverá disponibilizar seu tempo também para aconselhamento e visitas periódicas.

Acompanhar pessoalmente os fiéis a crescerem na fé é uma tarefa que conta, na Igreja, com uma vasta e secular tradição, com antecedentes na Escritura. O Livro dos Provérbios (6,20-23) recomenda: *"Meu filho, guarda os preceitos de teu pai e não rejeites as instruções de tua mãe! Pois o preceito é uma lâmpada e a instrução é uma luz; é um caminho de vida a repreensão que corrige"*. Tobias oferece ao seu filho recomendações semelhantes: *"Procura o conselho de toda pessoa prudente, e não desprezes nenhum conselho proveitoso. Meu filho, lembra-te desses meus mandamentos e não permitas que se apaguem do teu coração"* (Tb 4,18-19) (URIARTE, p. 101-102).[44]

Uriarte, p. 110, menciona três níveis de acompanhamento, que deverão atuar como base para um direcionamento na vida das pessoas, principalmente aos casais de segunda união, a fim de que o presbítero possa discernir a melhor forma possível àqueles que vieram em busca do seu socorro. Vejamos cada um deles:

> O acompanhamento ***formativo*** se oferece àqueles que, tendo uma disposição evangélica e eclesial aceitável (embora com fragilidades), carecem, por sua juventude, por sua conversão recente ou por sua preparação elementar, de níveis de profundidade que lhes permitam uma compreensão global do cristianismo, da Escritura, da oração, do

---

43. COMPÊNDIO VATICANO II. Lumem Gentium. Petrópolis: Vozes, 2000.

44. URIARTE, Juan María. A missão do presbítero: servir como pastor: chaves da espiritualidade sacerdotal. Trad. João Batista Kreuch. Petrópolis: Vozes, 2013.

> comportamento moral, do compromisso eclesial, do serviço à comunidade humana. [...]; o acompanhamento de ***iniciação espiritual*** é oferecido àquele ou àquela fiel que já possui uma experiência pessoal de Deus e um nível aceitável de formação cristã. Nessa fase, o objetivo do acompanhamento consiste em contribuir para que reconheça em si e em todo o seu ambiente os sinais da presença ativa do Espírito Santo e as interpelações que Ele lhe dirige. O núcleo da tarefa do acompanhante é ajuda-lo a ler corretamente (discernir) esses sinais (evitando possíveis enganos ou deformações) e alentá-lo a responder com liberdade e generosidade; existe ainda um terceiro nível de acompanhamento: o *seguimento frequente de pessoas já formadas,* iniciadas na experiência de Deus e habituadas no discernimento. Neste nível, o contato entre acompanhante e acompanhado é mais espaçado, e a intervenção do acompanhante é mais modesta. Consiste ordinariamente em ajuda-lo a objetivar e a esclarecer.

Esses níveis ajudam a descobrir em quais momentos o presbítero deverá agir, de acordo com a necessidade dos seus fiéis, assumindo, como verdadeiro Pastor, a responsabilidade de discernir o que é melhor para o desenvolvimento da comunidade como um todo.

O presbítero, como bom pastor, deve ser o guia da comunidade paroquial, sabendo posicionar-se de acordo com as preocupações de cada um. Mas, para isso, ele deverá, de certa forma, conduzir essa comunidade, fazendo que sua voz ressoe com poder e autoridade, sendo amigável para com todos. JESUS, p. 69, diz-nos que "O pastor, guia espiritual do rebanho do Senhor, deve ter consciência de que sua palavra tem poder. Assim, sua palavra pode transformar as ovelhas. Desta forma, deve dizer palavras que elevem as ovelhas e não que as humilhem. Palavras que humilham trazem somente sentimento de nulidade. É com palavras amigáveis que ele pode fazer surgir o que há de bom em cada ovelha. Como diz São Paulo aos Efésios (4,29): 'Que da boca de vocês não saia nenhuma palavra que prejudique, mas palavra boa para a edificação no momento oportuno, a fim de que façam bem para aqueles que as ouvem'. [...] A falta de cuidado nas palavras pode produzir poluição espiritual. Essa virtude leva-o a ter o respeito e a amabilidade para com as ovelhas. Uma boa palavra não tem limites. A amabilidade dele é uma grande contribuição para um relacionamento saudável, harmonioso e criador de uma atmosfera positiva para poder conduzir cada ovelha do Senhor nos caminhos da vida. Assim, ele alimenta suas ovelhas por meio da atenção, da escuta, da palavra, dos sacramentos e do valor que dá a cada uma delas".[45]

Assim, como verdadeiros pastores, os presbíteros devem cuidar do seu rebanho para que suas ovelhas não venham a se perder e, com estima, orientem, especialmente os casais que vivem em segunda união, a fim de que descubram que não estão sozinhos e nem excluídos, mostrando a eles o interesse em acompanhá-los no que for preciso.

3.2. O cuidado pastoral para com os casais de segunda união

A Encíclica *Veritatis Esplendor,* de João Paulo II, n. 95, remete-nos a uma proposição valiosa a respeito das normas morais universais e imutáveis a serviço da pessoa e da sociedade: "A doutrina da Igreja, e particularmente a sua firmeza em defender a validade universal e permanente dos preceitos que proíbem os atos intrinsecamente maus, é julgada frequentemente como sinal de uma intransigência intolerável, sobretudo nas situações extremamente complexas e conflituosas da vida moral do homem e da sociedade de hoje: uma intransigência que estaria em contraste com o sentido materno da Igreja. Nesta, dizem, escasseia a compreensão e a compaixão. Mas,

45. SANTOS, Jésus Benedito dos. Presbítero Pastor: sol nascente: discípulo missionário do Senhor em tempos de mudanças. Uberlândia/MG: A Partilha, 2018.

na verdade, a maternidade da Igreja nunca pode ser separada da missão de ensinar que ela deve cumprir sempre como Esposa fiel de Cristo, a Verdade em pessoa: 'Como Mestra, ela não se cansa de proclamar a norma moral. (...) De tal norma, a Igreja não é, certamente, nem autora nem o juiz. Em obediência à verdade que é Cristo, cuja imagem se reflete na natureza e na dignidade da pessoa humana, a Igreja interpreta a norma moral e propõe-na a todos os homens de boa vontade, sem esconder as suas exigências de radicalidade e de perfeição' (FC 33).[46]

A Igreja, como Mãe, diz-nos João Paulo II na Exortação Apostólica *Familiaris Consortio* n. 33, "está próxima dos muitos casais que se encontram em dificuldade sobre este importante ponto da vida moral: conhecer bem a sua situação, frequentemente muito árdua e, às vezes, verdadeiramente atormentada por dificuldades de toda espécie, não só individuais, mas também sociais; sabe que muitos cônjuges encontram dificuldades não só para a realização concreta, mas também para a própria compreensão dos valores ínsitos na norma moral".

Dessa forma, não compete aos pastores de almas aplicar leis morais aos casais de segunda união, "como se fossem pedras que se atiram nas pessoas" (AL 305). A *Amoris Laetitia*, n. 301, preceitua: "já não é possível dizer que todos os que estão em uma situação chamada 'irregular' vivem em estado de pecado mortal, privados da graça santificante". Convém, aos pastores de almas, identificar nesses casais o verdadeiro sentido de suas vidas, como nos diz no n. 293:

> [...] Com efeito, aos pastores compete não só a promoção do matrimônio cristão, mas também 'o discernimento pastoral das situações de muitas pessoas que deixaram de viver esta realidade', para 'entrar em diálogo pastoral com elas a fim de evidenciar os elementos da sua vida que

46. JOÃO PAULO II. Veritatis Esplendor: o esplendor da verdade. 10ª ed. São Paulo: Paulinas, 2011.

> possam levar a uma maior abertura ao Evangelho do matrimônio na sua plenitude'. No discernimento pastoral, convém 'identificar elementos que possam favorecer a evangelização e o crescimento humano e espiritual'.

O processo de discernimento exige do sacerdote a caridade pastoral que acolhe, escuta atentamente e mostra o rosto materno da Igreja que, por sua vez, aceita a reta intenção da pessoa acolhida e seu bom propósito de colocar a vida inteira à luz do Evangelho e de praticar a caridade (CARDEAL SISTACH, p. 46).

Convém aos pastores de almas fazerem de seus confessionários um lugar reservado para a misericórdia de Deus, ajudando os casais em segunda união a descobrirem os seus valores e a sua dignidade, mostrando a eles de que não estão excluídos e nem sozinhos.

A nota 351 da *Amoris Laetitia*, citando a *Evangelii Gaudium* n. 44 e 47, fala-nos que, "em certos casos, poderia haver também a ajuda dos sacramentos. Por isso, 'os sacerdotes devem lembrar-se de que o confessionário não pode ser uma câmara de tortura, mas o lugar da misericórdia do Senhor. E de igual modo assinalo que a Eucaristia 'não é um prêmio para os perfeitos, mas um remédio generoso e um alimento para os fracos".

O Papa Francisco não está autorizando a admissão dos Sacramentos da Penitência e da Eucaristia aos casais em segunda união, o que ele está dizendo é que os casais em segunda união podem procurar o presbítero para conversar, para lhes oferecer uma direção espiritual; porém, em certos casos, poderia haver a admissão aos sacramentos. Mas, isso caberá somente ao pároco juntamente com seu bispo.

Note-se bem o que nos diz o n. 305 da *Amoris Laetitia*: "Por causa dos condicionalismos ou dos fatores atenuantes é possível que uma pessoa, no meio de uma situação objetiva de pecado – mas subjetivamente não seja culpável ou não o seja plenamente -, possa viver na graça de Deus, possa amar e possa também crescer na vida de graça e de caridade, recebendo para isso a ajuda da Igreja".

Segundo o Cardeal Sistach, p. 49-50, "'o discernimento pode reconhecer que, em uma situação particular, não haja culpa grave' (cf. nota 351 AL). Deve-se acrescentar que, em sua argumentação, a *Amoris Laetitia* cita frequentemente São Tomás de Aquino (pelo menos quinze vezes se cita a Suma Teológica), e convém recordar o seguinte fragmento da Suma Teológica: 'Como o mal é mais amplo do que o pecado, assim o pecado é mais amplo do que a culpa... (por isso) o bem e o mal comportam a noção de louvor ou de culpa somente nas ações voluntárias, em que o mal, o pecado e a culpa são a mesma coisa' (Suma Teológica, I-II, q.2, a.2). Na base de semelhantes premissas, dificilmente rebatíveis, com pleno acerto Francisco afirma na Exortação: 'Por isso, já não é possível dizer que todos os que estão em uma situação chamada 'irregular' vivem em estado de pecado mortal, privados da graça santificante'" (AL 301).

Conforme o que foi mencionado acima, assinalo a importância de haver um discernimento da parte do pastor de almas, principalmente do pároco. Segundo o Cardeal Francesco Coccopalmerio (2017, p. 23), "a autoridade eclesial será, pelo menos normalmente, o pároco que conhece diretamente as pessoas e pode, por esse motivo, exprimir um juízo adequado para essas situações delicadas". Ainda, que o pároco, juntamente à Cúria, com o ordinário diocesano, nos casos de segunda união, ofereça uma consulta apropriada ou também uma autorização específica para esses casos de admissão aos sacramentos da Penitência e da Eucaristia (COCCOPALMERIO, 2017, p. 24).

Cardeal Sistach, p. 45, fala-nos "que esse discernimento deve ser feito com um sacerdote. Os sacerdotes dispõem da tarefa de acompanhar as pessoas interessadas no caminho do discernimento de acordo com o ensinamento da Igreja e as orientações do bispo. Nesse processo, será útil fazer um exame de consciência, mediante momentos de reflexão e de arrependimento (AL, 300). 'O diálogo com o sacerdote, no foro interno, concorre para a formação de um juízo correto sobre aquilo que dificulta a possibilidade de uma participação mais plena na vida da Igreja e sobre os passos que a podem favorecer e fazer crescer' (AL 300).

Ainda, a respeito do discernimento, o Papa Francisco, no n. 303 da *Amoris Laetitia*, faz menção de formar consciência a respeito do matrimônio e: "a partir do reconhecimento do peso dos condicionamentos concretos, podemos acrescentar que a consciência das pessoas deve ser mais adequadamente incorporada à práxis da Igreja em situações que não realizam objetivamente a nossa concepção do matrimônio. É claro que devemos incentivar o amadurecimento de uma consciência esclarecida, formada e acompanhada pelo discernimento responsável e sério do pastor" (AL 303).

Outro aspecto, segundo Coccopalmerio, é a questão do escândalo que virá a ser para a comunidade a admissão dos sacramentos dos que vivem em segunda união. Para ele, deve-se oferecer a seguinte prerrogativa: "o fato de certos fiéis, que vivem em situação não regular, terem acesso à mesa eucarística, significa que os próprios fiéis, a juízo da autoridade eclesial que conhece a sua situação, assim agem respeitando duas condições, sempre a considerarem-se essenciais, pelo desejo de mudar e pela impossibilidade de fazê-lo" (COCCOPALMERIO, 2017, p. 24).

Certamente virá a ser um escândalo para a comunidade; porém, a comunidade terá de compreender que se trata de casais que erraram um dia e que agora buscam uma mudança de perspectiva. Assim, diz-nos o Papa Francisco (2014, p. 31) como a comunidade deverá valorizar aqueles que se encontram dispersos:

> Vós podereis dizer: mas a Igreja é formada de pecadores, como vemos todos os dias. E isso é verdade: somos uma Igreja de pecadores; e, nós pecadores, somos chamados a nos deixar transformar, renovar e santificar por Deus. Na história houve a tentação de alguns que afirmavam: a Igreja é só a Igreja dos puros, daqueles que são totalmente coerentes, e os outros devem ser afastados. Isso não é verdade. São uma heresia! A Igreja, que é santa, não rejeita os pecadores; não afasta nenhum de nós; não rejeita porque

> chama e acolhe todos, está aberta também aos distantes, chama todos a deixar-se abraçar pela misericórdia, pela ternura e pelo perdão do Pai, que oferece a todos a possibilidade de O encontrar, de caminhar rumo à santidade.[47]

A comunidade é parte integrante da vida dos casais que vivem em segunda união, pois é na comunidade que tudo se realiza. Nela se vive a sacramentalidade, a disposição em estar a serviço dos irmãos, dos mais necessitados, daqueles que estão dispersos, sentindo-se abandonados. É pela comunidade que os casais em segunda deverão sentir-se acolhidos e animados a viverem sua disposição nas pastorais e nos movimentos, e o presbítero, como pastor, assumirá esse compromisso de fazer que eles se sintam acolhidos e inseridos nessa mesma comunidade.

3.3. A comunidade paroquial, centro de acolhimento para os casais em segunda união

Toda ação pastoral em uma comunidade paroquial se desenvolve a partir do acolhimento para com os membros da mesma. Mas, para que isso aconteça, é mister que haja um comprometimento das pessoas ao se relacionarem, havendo um cuidado especial a fim de que, assim, possam conviver de maneira harmoniosa e sem conflitos. Em suma, as pessoas necessitam viver em comunidade. Brighenti (2011, p.161) menciona a importância de uma comunidade na vida de uma pessoa e como deve ser o interior de uma comunidade onde todos convivem em harmonia e se relacionam mutuamente:

> A comunidade é essencial na vida e no desenvolvimento de uma pessoa, assim como cons-

47. PAPA FRANCISCO. A Igreja da Misericórdia: minha visão para a Igreja. Org. Giuliano Vicini. 1ª ed. São Paulo: Paralela, 2014.

> titutiva do ser eclesial. Com efeito, todo ser humano nasce no seio de uma comunidade, a família, e, em grande medida, dependerá dela para o desenvolvimento de suas possibilidades. A pessoa só consegue personalizar-se e tomar consciência do mundo e dos outros através do encontro pessoal e de amor no cerne de uma comunidade concreta. Da mesma forma que é no encontro do "eu" com um "tu" que se desperta a consciência pessoal, a harmonia fundamental da pessoa depende da aprendizagem do gerenciamento de seus conflitos na comunidade, transformando-os em relações amorosas. A Igreja quer ser um espaço de realização da vocação cristã, enquanto comunidade, ícone da Trindade.[48]

As *Diretrizes Gerais da Ação Evangelizadora da Igreja no Brasil 2015-2019*, n. 55, afirma que: "sem vida em comunidade, não há como efetivamente viver a proposta cristã. Comunidade implica convívio, vínculos profundos, afetividade, interesses comuns, estabilidade e solidariedade nos sonhos, nas alegrias e nas dores. A comunidade eclesial acolhe, forma, transforma, envia em missão, restaura, celebra, adverte e sustenta. Ao mesmo tempo em que hoje se constata uma forte tendência ao individualismo, percebe-se igualmente a busca por uma vida comunitária. Essa busca nos recorda como é importante a vida em fraternidade. Mostra também que o Espírito Santo acompanha a humanidade, suscitando, em meio às transformações da história, a sede por união e solidariedade".

Como já foi dito no tópico anterior, a comunidade deve entender que casais em segunda união são parte integrante desse

---

48. BRIGHENTI, Agenor. A pastoral dá o que pensar: a inteligência da prática transformadora da fé. 2ª ed. (Coleção livros básicos de Teologia). São Paulo: Valência, ESP: Siquem, 2011.

meio no qual convivem harmoniosamente, uma vez que eles são convidados a se sentirem acolhidos e inseridos na comunidade. Devem sentir-se bem acolhidos, amados pela comunidade. O Papa Francisco, na *Amoris Laetitia*, n. 299, faz menção a como devem ser integrados os casais em segunda união na comunidade cristã:

> [...] A lógica da integração constitui a chave do seu acompanhamento pastoral, para que não somente saibam pertencem ao Corpo de Cristo, que é a Igreja, mas possam fazer uma experiência feliz e fecunda da mesma. São batizados, são irmãos e irmãs, e o Espírito Santo derrama sobre eles dons e carismas para o bem de todos. A sua participação pode manifestar-se em diferentes serviços eclesiais: por isso, é necessário discernir quais das diversas formas de exclusão atualmente praticadas nos âmbitos litúrgico, pastoral, educativo e institucional, podem ser superadas. Eles não apenas não devem sentir-se excomungados, mas podem viver e amadurecer como membros vivos da Igreja, sentindo-se como mãe que os recebe sempre, que cuida deles com carinho e que os anima no caminho da vida e do Evangelho.

A comunidade paroquial é o lugar em que a harmonia de uma integração deve ser capaz de fazer que os casais em segunda união não se sintam excomungados, ou seja, que não estão fora da comunhão da Igreja, que pertencem a ela e fazem parte dessa mesma Igreja, que há outros campos a serem trabalhados e que esses casais são úteis para a evangelização. A CNBB, sobre a acolhida da Exortação Apostólica *Amoris Laetitia* pela Igreja no Brasil, menciona possíveis traços de integração favoráveis à evangelização, para que os casais em segunda união sintam-se acolhidos e integrados na comunidade paroquial. Dentre esses traços, destacam-se os números 21 a 24 da Acolhida da Exortação Apostólica Pós-Sinodal *Amoris Laetitia* pela Igreja no Brasil (2017, p. 14):

> 21. [...] O cume de toda integração é a inserção de cada pessoa na vida eclesial. Essa integração é gradual e segue os passos apontados pelo discernimento, em uma perspectiva de plena inserção da pessoa na comunidade. 22. É preciso ter claro que 'dar os sacramentos' não é sinônimo de integrar. Urge realmente introduzir cada um na comunidade dos discípulos-missionários, em um ambiente de amor e consideração sincera pela singularidade da pessoa, para que se sinta abraçada pela grande família-Igreja. Sem cair em sacramentalismos, o que não soluciona os verdadeiros problemas existenciais, é preciso abrir as portas para todos, sem exceção. 23. Mesmo nos caso-limite, sempre é possível algum nível de introdução da pessoa na vida da Igreja. Essa é a tônica da integração. Há sempre espaço para mais alguém, alguma possibilidade de participação efetiva, a eventual partilha de um encargo pastoral, a possibilidade de dar atenção diferenciada à sua família. 24. É preciso se perguntar se não há casos em que a pessoa em situação irregular, que testemunham uma profunda vida cristã e comprometimento com a comunidade, possam estar aptas para serem padrinhos de batismo, para atuar como leitores ou catequistas, para ajudar em algum trabalho de pastoral familiar, contribuindo com sua experiência de vida. Sempre de acordo com o nível de consciência da comunidade local, que pode ser sempre melhor formada. Esse empenho em acolher cada família contribui para o crescimento da comunidade local.

Diante dessas prerrogativas, urge a preocupação de como integrar os casais em segunda união na comunidade local, sabendo que eles são úteis para a evangelização. Dessa maneira, ORIOLO, p. 25, apud Exortação Apostólica *Christifidelis Laici* n. 26, ensina que a paróquia vive hoje uma fase nova e promissora e o Documento de Aparecida confirma:

> a) Na paróquia, 'todos os membros da comunidade paroquial são responsáveis pela evangelização dos homens e das mulheres em cada ambiente' (171); b) 'A renovação das paróquias exige a reformulação de suas estruturas para que seja uma rede de comunidades e grupos, capazes de se articular conseguindo que seus membros se sintam realmente discípulos e missionários de Jesus Cristo em comunhão' (172).[49]

Na paróquia há muitas tarefas a serem desempenhadas. Existem muitas pastorais e movimentos e cada membro é responsável por sua atuação e inserção. Todos dispõem de dons e de talentos e estão a serviço da comunidade. Não é diferente com os casais em segunda união. Eles também têm suas aptidões e querem estar a serviço da comunidade. Os dons e carismas individuais, partilhados, colaboram para o enriquecimento de toda a comunidade paroquial (Doc. 100, n. 173). Porém, é necessário que haja uma abertura dos membros da comunidade, a fim de que esses casais sintam-se integrados e inseridos. "Trata-se de integrar a todos, deve-se ajudar cada um a encontrar a sua própria maneira de participar na comunidade eclesial, para que sintam-se objeto de uma

49. ORIOLO, Edson. Paróquia renovada: sinal de esperança. São Paulo: Paulus, 2017.

misericórdia "merecida, incondicional e gratuita" (AL, 297). Segundo ORIOLO, p. 26, é mister a relação entre todos dentro de uma mesma comunidade, pois a participação é parte fundamental na integração dos casais em segunda união:

> Para que as paróquias sejam espaços concretos de participação dos fiéis leigos, onde floresçam as mais diversas pastorais, deve-se primar pela qualidade do relacionamento humano e por ser uma família fraterna e acolhedora. Para tal é indispensável um processo continuado de catequese que ofereça uma sólida formação, levando ao encontro pessoal com Jesus Cristo, à conversão, ao discipulado, à vida em comunidade fraterna e ao compromisso missionário (cf. DAp. 280).

Na comunidade paroquial, todos podem desempenhar suas funções, cada um à sua maneira, estando à disposição, assumindo o dever de estarem a serviço uns dos outros. de viverem de acordo com as necessidades de cada um, como fizeram as primeiras comunidades cristãs: "A multidão dos fiéis tinha uma só alma e um só coração. Não chamavam de própria nenhuma de suas posses; ao contrário, tinham tudo em comum", pois é na fraternidade e na solidariedade que a comunidade se fortalece (At 4,32). A comunhão na diversidade faz que todos possam desempenhar suas funções de acordo com as necessidades da comunidade. Assim diz o Documento da CNBB 105, n. 93:

> A unidade da Igreja se realiza na diversidade de rostos, carismas, funções e ministérios. É importante dar-nos conta deste grande dom da diversidade, que potencializa a missão da Igreja realizada por todos os seus membros, em liberdade, responsabilidade e criatividade. O dom

> do Espírito Santo se efetiva na ação concreta de cada membro da comunidade, como explica o apóstolo Paulo. O critério da ação é a edificação da comunidade (1Cor 14,12). Em função do bem comum, a comunidade organiza-se no compromisso de cada membro e busca os meios de tornar mais operantes os dons recebidos do Espírito. Os modelos de organização eclesial podem mudar ao longo da história; permanece, no entanto, a regra mais fundamental: a primazia do amor (1Cor 13), da qual advém a possiblidade de integrar organicamente a diversidade e o serviço de todos os que exercem alguma função dentro da comunidade.

É necessário integrar a todos na comunidade paroquial para que haja um desenvolvimento primordial em relação ao aspecto da evangelização, pois todos fazem parte da atuação e desempenham o seu papel como colaboradores da ação evangelizadora da Igreja. Diz-nos o Documento da CNBB 107, n. 238, p. 96, a respeito da integração de todos na comunidade: "com seu dom de atrair especialmente pessoas afastadas e vivenciar com elas o querigma, é preciso que iniciem seus membros na comunidade eclesial, arrebanhando adeptos para si mesmos, promovendo, assim, a eclesiologia de comunhão e participação".

Hoje vê-se a grande preocupação em se ter a proximidade das comunidades na vivência da paróquia, facilitando, assim, a evangelização de levar a todos o conhecimento de Jesus Cristo e a sua capacidade de acolher as pessoas que se encontravam dispersas e, até mesmo, afastadas da sociedade, descobrindo a importância que elas tinham para a comunidade. Jesus era e fazia-se próximo das pessoas. Da mesma forma, a comunidade deve se tornar próxima daqueles que estão dispersos e que se encontram afastados por motivos que, talvez, os levaram a sentir-se sozinhos, como os casais em segunda união.

Como requerimento na ação evangelizadora pastoral, a Igreja no Brasil tem criado os chamados "setores", verdadeiros facilitadores para propiciar que as pessoas tenham proximidade com a Palavra de Deus, com a Eucaristia e, até mesmo, com uma vivência de comunidade. Isso remete a uma evangelização mais dinâmica e o comprometimento do Pastor com seu rebanho, que assume o compromisso de saber das necessidades e das preocupações desses fiéis e, assim, acolher a todos que estão excluídos. Diz-nos o Documento da CNBB 100, n. 263:

> A evangelização só será possível quando essa acolhida priorizar a escuta do outro para conhecer suas angústias e esperanças. Essa dimensão intersubjetiva da pastoral não pode estacionar nos serviços individuais do atendimento religioso, mas deverá suscitar a participação, o envolvimento e o compromisso na comunidade e na sociedade.

O mesmo documento, no n. 266, ao falar daqueles que vivenciam momentos difíceis em suas vidas, convida a comunidade a acolher com carinho e generosidade a todos eles, pois fazem parte da comunidade e precisam ser ouvidos, demonstrando uma atenção especial, principalmente do Pastor para com todos que necessitam de um gesto de acolhimento:

> Para acolher a todos é necessário receber cada pessoa na sua condição religiosa e humana sem, colocar, de imediato, obstáculos doutrinais e morais para a sua chegada. Trata-se de uma atitude misericordiosa da Igreja. Durante o caminho da fé, a pessoa será orientada a uma conversão e conhecerá a doutrina e a moral cristãs, num processo gradual. Na pedagogia divina, o abraço materno da Igreja vem antes de tudo.

Para haver verdadeiramente uma acolhida da comunidade para com os casais que vivem em segunda união é mister que haja uma excelente pastoral familiar. Pessoas habilitadas em promover a escuta para com esses casais devem promover o encontro, com o carinho e a atenção necessários para que esses casais sintam-se valorizados no meio da comunidade cristã.

CONSIDERAÇÕES FINAIS

Como se sabe, o acolhimento, gesto de humanização, para com os casais de segunda união é complexo, não muito aceito ainda por determinados ramos da nossa Igreja. Nota-se em autores consultados a grande necessidade de se buscarem formas de atuar que logrem oferecer aos casais em segunda união uma sensação de sincero acolhimento para que esses casais voltem a sentir-se pertencentes à comunidade cristã.

É urgente procurar meios que possibilitem a adequação dos casais em segunda união à comunidade cristã. O pároco, como exemplo do bom pastor, será o primeiro a acolher esses casais que, com seu testemunho e exemplo, fará que eles se sintam inseridos e que não estão sozinhos e nem excluídos.

Certamente, com uma excelente pastoral familiar, pessoas qualificadas, capazes de escutar esses casais, farão que eles se sintam úteis no seio da comunidade cristã; pois, se erraram um dia, buscam hoje redimir-se.

A dificuldade é saber colocar-se no lugar desses casais, saber de suas necessidades, de suas preocupações. Muitas vezes, julga-se antes de escutá-los. Não se tem uma acolhida verdadeira pelo fato histórico de suas vidas.

Verifica-se, então, a grande necessidade de formarem pessoas capazes de motivá-los a seguirem em frente, a fazê-los entender que não estão sozinhos e desamparados. Assim, casais em segunda união já integrados no meio religioso são um grande testemunho para com aqueles casais que também se separaram e tiveram um novo vínculo. Importante que todos entendam que é possível viver e construir um novo lar; e é mister acolhê-los no seio da Igreja e incentivá-los no percurso de suas vidas para que se sintam amparados, que não estão sozinhos.

Urge a grande preocupação do Pastor em acompanhar esses casais, fazendo que eles se sintam protegidos, orientando-os para isso a não desanimarem em meio às dificuldades que surgirem. Tendo em vista de que o mundo contemporâneo traz consequências positivas e negativas no avanço tecnológico e que as informações são muito rápidas, o Pastor deve ser o eixo condutor a fim de conduzir seu rebanho e ovelhas desgarradas na construção de laços de afeição conforme suas necessidades, sabendo que o pastor estará sempre pronto para acolhê-los e escutá-los.

Há a necessidade de que o Pastor construa um caminho com discernimento para mostrar a todos o caminho correto que devem seguir, não atirando pedras e não julgando casais em segunda união por suas escolhas., deve o Pastor, sim, mostrar como todos são úteis para a evangelização, que eles podem atuar de diversas maneiras no seio da comunidade cristã.

Esses casais podem participar efetivamente da comunidade cristã na escuta da Palavra, na celebração eucarística, a perseverarem na oração, nas obras de caridade, nas iniciativas comunitárias em favor da justiça, na educação dos filhos dentro da fé e do espírito de penitência, tudo corroborado pela oração e pelo testemunho hospitaleiro da Igreja.

O meio eficaz é fazer que os casais em segunda união sejam integrados à comunidade cristã, fazendo que eles atuem de forma pragmática nas pastorais e nos movimentos, não os excluindo e nem deixando-os desamparados; que eles se sintam acolhidos e pertencentes a essa mesma comunidade.

REFERÊNCIAS

ALMEIDA, Maria Nilsa de. **O que Deus não uniu o homem pode separar**. São Paulo. Loyola, 2010.

ARIÈS, P.; DUBBY, G. (org.) **História da vida privada**: do império ao ano mil. São Paulo: Companhia das Letras, 1995, v. 1.

AZPITARTE LÓPEZ, Eduardo. Ética da sexualidade e do matrimônio. São Paulo: Paulus, 2006, 2ª ed.

BENI DOS SANTOS, Benedito. **Reflexões sobre a Exortação Apostólica Pós-Sinodal *Amoris Laetitia***. Brasília: CNBB, 2017.

BÍBLIA SAGRADA. **Atos dos Apóstolos e Epístolas de São Paulo (1)**. Anotada pela Faculdade de Teologia da Universidade de Navarra. Trad. Portuguesa de José A. Marques. Vol.II. Braga: Theologica, 1985.

BÍBLIA SAGRADA. **Santos Evangelhos**. Trad. portuguesa das Introduções e notas de comentário de José A. Marques com colaboração de Augusto Ascenso Pascoal e Pio Gonçalo Alves de Sousa. Vol. 1 Braga: Theologica, 1985.

BLANK, E. Christiane. **Construir o Matrimônio na pós-modernidade:** novas estratégias construtivas e interativas para a convivência matrimonial. São Paulo: Paulus, 2006.

BOSCO OLIVEIRA, João; FONSECA OLIVEIRA, Aparecida de Fátima. **Casais em segunda união 2**: questões e critérios. São Paulo: Loyola, 2003.

______. **Casais em segunda união**: uma visão pastoral. São Paulo: Paulus, 2011.

BRIGHENTI, Agenor. **A pastoral dá o que pensar**: a inteligência da prática transformadora da fé. 2ª ed. (Coleção livros básicos de Teologia). São Paulo: Valência, ESP: Siquem, 2011.

BUYST, I.; FRANCISCO, M.J. **O mistério celebrado**: memória e compromisso II. Coleção Teologia Litúrgica n. 10, Siquém. São Paulo: Paulinas, 2004.

COCCOPALMERIO, Francesco. **O capítulo oitavo da Exortação Apostólica Pós-Sinodal *Amoris Laetitia***. 1ª ed. CNBB, 2017.

CONCÍLIO VATICANO II. **Gaudium et spes sobre a Igreja no mundo de hoje (06-12-1965)**. In: Compêndio Vaticano II. 29. ed. Petrópolis: Vozes, 2000.

CONCÍLIO VATICANO II. **Decreto Christus Dominus sobre o múnus pastoral dos bispos na Igreja** (28-10-1965). In: Compêndio Vaticano II. 29.ed. Petrópolis: Vozes, 2000.

CONCÍLIO VATICANO II. **Decreto Presbyterorum Ordinis sobre o ministério e a vida dos presbíteros (07-12-1965)**. In: Compêndio Vaticano II. 29. ed. Petrópolis: Vozes, 2000.

CONCÍLIO VATICANO II. **Lumem Gentium sobre a Igreja (21-11-1964)**. In: Compêndio Vaticano II. 29. ed. Petrópolis: Vozes, 2000.

CONFERÊNCIA NACIONAL DOS BISPOS DO BRASIL. **Acolhida da Exortação Apostólica Pós-Sinodal *Amoris Laetitia* pela Igreja no Brasil**. Coleção Sendas. Vol. 9. Brasília: CNBB, 2017.

CONFERÊNCIA NACIONAL DOS BISPOS DO BRASIL. **Comunidade de comunidades**: uma nova paróquia: a conversão pastoral da paróquia. Documentos da CNBB 100. 2.ed. Aparecida/São Paulo: CNBB, 2014.

CONFERÊNCIA NACIONAL DOS BISPOS DO BRASIL. **Cristãos leigos e leigas na Igreja e na sociedade:** sal da terra e luz do mundo (Mt 5,13-14). Documentos da CNBB 105. Aparecida/São Paulo: CNBB, 2016.

CONFERÊNCIA NACIONAL DOS BISPOS DO BRASIL. **Diretório da Pastoral Familiar.** Documentos da CNBB 79. São Paulo: Paulinas, 2005.

CONFERÊNCIA NACIONAL DOS BISPOS DO BRASIL. **Diretrizes Gerais da Ação Evangelizadora da Igreja no Brasil 2015-2019**. Documentos CNBB 102. Aparecida/São Paulo: 2015.

CONFERÊNCIA NACIONAL DOS BISPOS DO BRASIL. **Iniciação à vida cristã**: itinerário para formar discípulos missionários. Documentos CNBB 107. Aparecida/São Paulo: CNBB, 2017.

CONGREGAÇÃO PARA O CLERO. **O Presbítero**: pastor e guia da comunidade paroquial. Instrução. 2ª ed. São Paulo: Paulinas, 2003.

CONSELHO EPISCOPAL LATINO-AMERICANO. **Documento de Aparecida**. 1ª ed. São Paulo: Paulus, 2008.

DENZINGER, Heinrich. **Compêndio dos símbolos, definições e declarações de fé e moral**; atualizada por Johan Konings, com base na 43 ed. alemã (2010), preparada por Peter Hünermann e Helmut Hoping. 2 ed. rev. e ampl. São Paulo: Paulinas: Loyola, 2013.

Disponível em: <http://opusdei.pt/pt-pt/article/publicada-exortacao-apostolica-amoris laetitia>. Acessado em 18 set 2018.

FRANCISCO. **Exortação Apostólica Pós-Sindal** ***Amoris Laetitia***: sobre o amor humano. São Paulo: Paulinas, 2016.

JERÔNIMO, São. **Novo Comentário Bíblico São Jerônimo**: Novo Testamento e artigos sistemáticos; trad. Celso Eronides Fernandes. Santo André (SP): Academia Cristã; São Paulo: Paulus, 2011. Editores: Raymond E. Brown, Joseph A. Fitzmyer e Roland E. Murphy.

JOÃO PAULO II, Papa. **Teologia do corpo**: o amor humano no plano divino. Campinas, São Paulo: Ecclesiae, 2014.

JOÃO PAULO II. **Exortação Apostólica Familiaris Consortio**: sobre a função da família cristã no mundo de hoje. Documentos Pontifícios. 5ª ed. São Paulo, 2014.

JOÃO PAULO II. **Exortação Apostólica Pós-Sinodal Pastores Dabo Vobis**: sobre a formação dos sacerdotes. 8ª ed. São Paulo: Paulinas, 2009.

JOÃO PAULO II. **Veritatis Esplendor**: o esplendor da verdade. 10ª ed. São Paulo: Paulinas, 2011.

LLANOS CIFUENTES, Rafael. **Sacerdotes para o terceiro milênio**. Aparecida, SP: Santuário, 2009.

NOCENT A., SCILIONE, I., BROVELLI, F., CHUPUNGCO, A.J. **Os sacramentos**: Teologia e história da celebração. Trad. José Raimundo Vidigal; revisão José Joaquim Sobral. São Paulo: Paulinas, 1989.

PAPA FRANCISCO. **A Igreja da Misericórdia**: minha visão para a Igreja. Org. Giuliano Vigini. 1ª ed. São Paulo: Paralela, 2014.

PAPA FRANCISCO. **Exortação Apostólica Evangelii Gaudium**: A alegria do Evangelho: sobre o anúncio do Evangelho no mundo atual. Documentos do Magistério. São Paulo: Paulus, Loyola, 2013.

PAPA FRANCISCO. **Exortação Apostólica Pós-Sinodal *Amoris Laetitia***: sobre o amor na família. São Paulo: Paulinas, 2016.

PEREIRA DE ALMEIDA, Humberto Frei, O.P. **A Família no mundo em transformação**. São Paulo: Paulus, 2010.

PEREIRA DE ALMEIDA, Humberto, Frei, O.P. **A família no mundo em transformação**. São Paulo: Paulus, 2010.

PORRECA, Wladimir. **Famílias em segunda união**: questões pastorais. 3.ed. São Paulo: Paulinas, 2013. (Coleção pastoral da família)

RATZINGER, Joseph, Bento XVI. **Jesus de Nazaré**: do Batismo no Jordão à Transfiguração. Trad. José Jacinto Ferreira de Farias, SCJ. São Paulo: Planeta, 2007.

REVISTA FAMÍLIA E VIDA. **Revista da Comissão Nacional da Pastoral Familiar** – CNPF. Ano 26. Nº 110. Out. /Dez. 2017.

SANTOS, Jésus Benedito dos. **Presbítero Pastor**: sol nascente: discípulo missionário do Senhor em tempos de mudanças. Uberlândia/MG: A Partilha, 2018.

SCAMPINI, Luciano. **Casais em segunda união**: uma pastoral de esperança misericordiosa. Aparecida, SP: Santuário, 1999. Coleção Vida a Dois, 12).

SCHILLEBEECKX, E. **O matrimônio**: realidade terrestre e mistério da salvação. Trad. Alécio A. Broering. Petrópolis: Vozes, 1969.

SÍNODO DOS BISPOS XIV ASSEMBLEIA GERAL ORDINÁRIA. A vocação e a missão da família na Igreja e no mundo contemporâneo. Instrumentum Laboris. Doc. 38. São Paulo: Paulina, 2015.

SISTACH MARTÍNEZ, Lluís. Como aplicar a Amoris Laetitia. Trad. Hugo C. da S. Cavalcante. 1ª ed. São Paulo: Fons Sapientiae, 2017.

URIARTE, Juan María. A missão do presbítero: servir como pastor: chaves da espiritualidade sacerdotal. Trad. João Batista Kreuch. Petrópolis: Vozes, 2013.

Correctio filialis de haeresibus propagatis (16 de julho de 2017 Festa de Nossa Senhora do Carmo). Disponível em: <www.correctiofilialis.org.>. Acessado em 18 set 2018